汉语教学学刊

HANYU JIAOXUE XUEKAN

北京大学对外汉语教育学院　主办
《汉语教学学刊》编委会　　编

2023 | 2
（总第18辑）

图书在版编目(CIP)数据

汉语教学学刊. 总第18辑 /《汉语教学学刊》编委会编. -- 北京：北京大学出版社，2024.6. -- ISBN 978-7-301-35410-0

Ⅰ. H195-55

中国国家版本馆CIP数据核字第20248ZY403号

书　　　名	汉语教学学刊·总第18辑 HANYU JIAOXUE XUEKAN·ZONG DI-SHIBA JI
著作责任者	《汉语教学学刊》编委会　编
责 任 编 辑	路冬月
标 准 书 号	ISBN 978-7-301-35410-0
出 版 发 行	北京大学出版社
地　　　址	北京市海淀区成府路205号　100871
网　　　址	http://www.pup.cn　新浪微博：@北京大学出版社
电 子 邮 箱	zpup@pup.cn
电　　　话	邮购部 010-62752015　发行部 010-62750672　编辑部 010-62753374
印 刷 者	北京虎彩文化传播有限公司
经 销 者	新华书店 787毫米×1092毫米　16开本　10.5印张　229千字 2024年6月第1版　2024年6月第1次印刷
定　　　价	42.00元

未经许可，不得以任何方式复制或抄袭本书之部分或全部内容。
版权所有，侵权必究
举报电话：010-62752024　电子邮箱：fd@pup.cn
图书如有印装质量问题，请与出版部联系，电话：010-62756370

目 录

预断副词"势必"的话语关联与功能提取 …………………… 范洪彬　赵春利　1

"要你 V"的负面评价功能
　　——基于"要"类反问特殊性的预设否定 …………………… 王　婧　14
自然会话中汉语"你像"类结构的话语功能及其成因再探 …………… 陆方喆　29
自然口语多人对话中的疑问式回应 …………………… 宿潇予　李先银　42
真人互动节目中话语交叠的退出及其影响因素 ………… 胡承佼　程冰雨　59

国际中文教育学术词语表创建研究 …………………………………… 袁　泽　77
国际中文线上教学研究述评与展望 …………………………………… 吕意意　90
汉语慕课 Chinese for Beginners 的虚拟现实设计 ………………… 刘晓雨　99

日本华裔汉语学习者的族群认同及其与继承语保持之关系 ………… 邵明明　109
19 世纪早期外国人汉语学习著作的评论 ………………………… 陈恩维（译）　122

"不一会（儿）"和"不大一会（儿）""不到一会（儿）" …………… 杨德峰　134

ABSTRACTS ……………………………………………………………… 148
《汉语教学学刊》稿件体例 ……………………………………………… 155

CONTENTS

The Discoursal Association and Function Extraction of the Prognostic

  Adverb "*shibi* (be bound to)" ················ Fan Hongbin & Zhao Chunli 1

Negative Evaluation in "*yao ni* V (need you V)"

  ——The Negative Presupposition Based on the Specificity of

  "*yao* (need)"-type Rhetorical Questions ·························· Wang Jing 14

A Re-exploration of the Discourse Functions and Causes of the "*ni*

  xiang(like)" -type Structures in Natural Conversation ········· Lu Fangzhe 29

The Interrogative-form Response to Questions in Natural Spoken

  Multi-person Conversations ·························· Su Xiaoyu & Li Xianyin 42

The Exit of Discourse Overlapping in Reality Interactive Programs

  and the Influencing Factors ················ Hu Chengjiao & Cheng Bingyu 59

The Establishment of the International Chinese Language Education

  Academic Vocabulary List ··· Yuan Ze 77

A Review and Prospect of Online Teaching Research on Chinese

  Language ·· Lü Yiyi 90

Virtual Reality Design for the Chinese MOOC *Chinese for Beginners* ··· Liu Xiaoyu 99

A Study on Ethnic Identity of Japanese-speaking Chinese Learners and the Relationship between Ethnic Identity and Heritage Language Learning ·················· Shao Mingming 109

A Review on Facilities Existing for the Study of Chinese Language in the Early 19th Century ··············· Translated by Chen Enwei 122

A Study on "*bu yihui*(*r*) (in a little while)" and "*buda yihui*(*r*) (not long after)" "*bu dao yihui*(*r*) (within moments)" ············ Yang Defeng 134

ABSTRACTS ·················· 148
Stylistic Rules and Layout of *Journal of Chinese Language Studies* ··········· 155

预断副词"势必"的话语关联与功能提取

范洪彬 赵春利

暨南大学中文系

提 要 本文以语义语法理论为本体论,以语义的双向选择原则为方法论,关注前人对副词"势必"的研究中尚存在反面验证不足与调查切入点不全两大问题,按照从话语关联到句法分布的顺序对语言材料进行正反调查,深化对"势必"语法意义的认识。首先,提出前提命题句与"势必"结论命题句构成基于因果逻辑的时间推进和认知推断两类语义关联。其次,以同现成分分析来揭示前提句与结论句各自的语义特征。在此基础上,将副词"势必"的整体话语功能归纳为"循势断果",整体语义功能为预判事态趋势的"预断性"认知功能,并隐含说话人的"预警性"意向倾向。

关键词 "势必" 预断副词 语义语法 循势断果 预断性

在"个性大于共性"(张谊生 2014:前言)的现代汉语副词当中,"势必"这一表示必然性的副词,常常与"必定、一定"等语义相近的副词混用,而工具书的释义也未能将它们准确区分开来(北京大学中文系 1955、1957 级语言班 1982:391;潘汜津 2006),只有精确提取出副词"势必"的话语关联、句法分布和语法意义,才有助于汉语学习者正确使用。

一 前人关于副词"势必"的研究

对副词"势必"的研究最早可追溯至赵元任(1979:185)"主谓复合词"的词汇结构界定及中国社会科学院语言研究所词典编辑室(2016:1193)"根据形势推测必然会怎样"的

---

* 本项研究得到 2022 年度国家社科基金一般项目"现代汉语方式副词的句法语义与分类排序研究"(22BYY135)、中央高校基本科研业务费专项(暨南领航计划 19JNLH04)、广东省高等学校珠江学者岗位计划资助项目(2019)和 2016 年国家社科基金重大项目"境外汉语语法学史及数据库建设"(16ZDA209)的资助。

语义界定。自此,学者们围绕副词"势必"的语义情态、句法分布、语用功能和演变路径这四个方面继续开展研究,并取得了丰富的成果。

第一,语义情态上,前人对"势必"的认识主要分为三类:一是未来必然论,包括表达"真值模态义"的必然性命题判断(范开泰 1988;崔诚恩 2002;齐春红 2006)以及所推断的命题是情况未然的"会怎样"等(北京大学中文系 1955、1957 级语言班 1982:391;吕叔湘 1999:496;侯学超 1998:519;叶明慧 2016)等;二是确信客观论,包括说话人根据动态发展的形势的推测(潘汜津 2006),对事件必然性做出的高度承诺(张则顺 2012),因推测理据较为客观而主观确信性较高(韩文羽 2020)或主观臆测性较弱(叶明慧 2016;谢静华 2017);三是消极情感论,包括"结果对当事人多为不利"(侯学超 1998:519)、所述情况多半带有"不如意"(张斌 2001:494;潘汜津 2006;韩文羽 2020)和消极为主的语义韵(叶明慧 2016;谢静华 2017)等。这三种观点总体上仍处于基于语感的归纳描写与语例释义阶段,不仅没有从方法上基于正反两方面的语言形式来验证语义选择规律,而且也没有从内涵上准确界定其情态含义。

第二,句法分布上,前人研究主要关注于"势必"的句子功能、句法位置和共现成分。其一,从句法功能上看,"势必"主要分布于陈述句、感叹句和反问句中(唐宁 2006;王露 2009;李涵 2011);其二,从句法位置上看,"势必"总是在主谓之间(潘汜津 2006;刘红妮 2009;谢静华 2017)且不能自由移位(朱丽 2005;谢静华 2017),在与其他情态副词连用时"总是在前面"(史金生 2003)或"处于比较靠后的位置"(谢静华 2017;韩文羽 2020);其三,从共现成分上看,"势必"与第一和第二人称代词相容度低,多与表未然的副词同现(潘汜津 2006),且与助动词及谓语动词搭配使用时,倾向于消极趋势或不利结果(叶明慧 2016;韩文羽 2020)。可以说,前人对"势必"的句法分布考察非常细致,但还存在两个问题:一是"势必"的状位排序与句法功能缺乏准确定位,二是"势必"同现成分的语义选择规律缺乏正反形式的验证。

第三,语用功能上,研究主要集中于言语交际功能和话篇衔接功能两个方面。一是言语交际功能研究,既有交际背景的书面语境和庄重场合(潘汜津 2006;叶明慧 2016),也有交际效果的"传信"和"突出焦点"(王露 2009;李涵 2011),还有交际意图的"消极语义韵特征"(叶明慧 2006)与"表达消极、不如意交际意图"(韩文羽 2020),但这方面的研究还缺乏系统论证。二是语篇衔接功能研究,既有衔接成分,即衔接"前提条件/事实依据"和由此产生的"结论/结果"两项成分(侯学超 1998:519;唐宁 2006;潘汜津 2006;韩文羽 2020),也有衔接关系,即表达"强必然"的因果逻辑关系(北京大学中文系 1955、1957 级语言班 1982:391;朱丽 2005;唐宁 2006;潘汜津 2006;韩文羽 2020),还有话语功能,即根据事件或前提而推断事件未来的状态(北京大学中文系 1955、1957 级语言班 1982:

391;吕叔湘 1999:496),这些研究都是基于语感的正面描写,但对衔接关系中的语义类型及其背后规律缺乏精确、系统的逻辑论证。

第四,演变路径上,王美华(2007)最先提出副词"势必"是由分立的句法单位词汇化而来的观点,刘红妮(2009)进一步结合历史语料指出,"势必"原是位于复句后续句主谓之间的"名+副"跨层非句法结构,在成词并语义虚化的过程中小句主语脱落,"势"本身成为复指前句内容的主语,实质上变成了句首的小句衔接词。这一基于历时语料描写和认知解释的语义演化研究揭示了"势必"具有话语关联性、句法状位性和语义主观性的历史原因,但由于文中论述"势必"的语义界定较为简单,阐释其各演变阶段的语义特征也难免有失精准。

总体看来,前人对副词"势必"的调查分析比较全面,部分结论也比较可靠,但还存在两个问题:一是从方法论看,缺乏反面的形式验证和逻辑论证;二是从整体性看,缺乏系统性与逻辑性。本文将基于语法意义决定语法形式的语义语法理论,以CCL和BCC语料库为语料来源,从宏观层面的话语关联再到微观层面的句法分布两大维度,对副词"势必"的语法意义进行精确提取。

二 副词"势必"的话语关联

句子与句子之间形成的话语关联是具有特定语义功能的两个或多个句子,在特定的"内在逻辑联系"(方梅1994)下,呈现为某种线性排列形式的规律性。为了精确提取"势必"句的话语关联,需要通过理清"势必"句与关联句从表层的逻辑关联到深层的语义关系,系统性地提取副词"势必"的话语功能,从而确证"势必"的使用条件。

1.1 "势必"在话语中的逻辑关联

副词"势必"的话语关联可以从表层语言形式出发,基于"势必"关联成分的共性进行准确定位。唐宁(2006)曾在调查"势必"在不同类型的单句和复句中的分布情况之后,将"势必"的关联成分定位于因果逻辑关系的"依据项"和"结果项"两项上。那么,这一结论是否能得到语言事实的证实呢?我们可以通过正反两个方面的分析,分两个步骤精确定位并详细论证"势必"的关联成分:一是通过分析副词"势必"的位置分布与排序,来定位其关联成分的共性"命题性";二是通过考察话语衔接成分,来定位不同语义成分之间关系的共性"结论性"。

第一,副词"势必"的位置分布与排序。

一是位置分布,"势必"在话语片段中通常分布于假设、条件、推断、因果、直转、假转、让步和并列等类型的复句后续分句的状位(例1a),或分布于单句的宾语小句主谓之间的

状位(例 1b),但不能分布于复句的前分句(例 1c)、分句主语前(例 1d)及小句的谓语后(例 1e)[①]:

(1)a. 如果迁校不能如期完成,势必影响 9 月 1 日的正式开学。
　　b. 会议认为,边境地区的武装冲突势必导致地区的政治动乱。
　　c. *如果迁校势必不能如期完成,影响 9 月 1 日的正式开学。
　　d. *只要按照这种比例继续下去,势必雪湖的水位逐渐地下降。
　　e. *会议认为,边境地区的武装冲突导致地区的政治动乱势必。

二是位置排序,无论是在单句还是复句中,"势必"的总体位置分布宏观地说明"势必"具有关联前后成分的话语功能,而"势必"在状位中的位置排序,则微观地提示其所关联的成分具有[＋命题性]这一共性特征,这一关联成分的命题性可以通过"势必"句和关联句在句子功能上的分布得到验证:其一,在与"势必"同现的状语成分中,表示命题内语义限定成分的状语必须位于"势必"之后,包括表时态的"会、将"等,表空间的"在＋处所名词、从……到……"等,表频次或程度的"再一次、很"等,表否定的"不、没有"等,表被动的"被……"等(例 2a),而不能在前面(例 2a');相反,"势必"之前的状语成分均为命题外语义成分,如条件或目的类状语"在 X 之下、为了 X",视角类状语"从 X 看、在 X 看来"等(例 2b);其二,不仅"势必"句必须是表述完整命题的陈述句(例 3a)和是非问句(例 3b),而且"势必"的前接成分也应是表述完整命题的陈述句(例 3a、3b)或指代完整命题的句子成分(例 3c);相反,不能表述完整命题的祈使句、感叹句、选择问等,既不能作为"势必"句(例 3d),也不能与"势必"句形成语义自足的话语(例 3e):

(2)a. 卷入战乱【势必在整个地区】引起更大冲突。
　　a'. 卷入战乱【*在整个地区势必】引起更大冲突。
　　b. 从宏观上看,劳资关系势必涉及整个经济生活和社会生活。
(3)a. 政出多门,势必导致混乱。
　　b. 如果朱雀死在自己手上,整个组织势必会土崩瓦解吧?
　　c. 农村学校没有图书是普遍的,这样势必影响教育教学质量。
　　d. *今天势必轮到谁值日?

[①] 对于汉语复句的分类和命名学界说法不一,我们所使用的是邢福义(2001:38)基于广义"因果、并列、转折"三分法而构建的汉语复句系统及类型命名。根据我们的调查,"势必"在包含因果复句、推断复句、假设复句、条件复句在内的"因果类复句"之中分布频率最高。此外,"势必"在实际语料中还会分布于多层复杂小句定语结构中的名词性成分与谓词性成分之间,这其实同样反映"势必"在小句中总是位于主谓之间。

e. *朱雀死得多么惨烈啊！整个组织势必会土崩瓦解吧？

可见，副词"势必"所关联的成分为两个不同的命题，因此，在"势必"的话语关联中也必然包含两个命题之间的逻辑关系，而命题逻辑关系类型又是有限的。那么，"势必"所关联的两个命题，关系到底是并列的联言或选言，还是因果的假言呢？根据调查，"势必"所关联的两个命题应当是"前提—结论"的假言式逻辑关系。一方面，能够从"势必"所分布的复句或单句中找到大量衔接成分来印证因果逻辑；另一方面，"势必"在广义并列类和广义转折类复句中的分布限制，能够从反面验证副词"势必"真正的语义关联成分。

第二，"势必"句的衔接成分关系。

从正面来看，语料当中的大量衔接成分标记都可以印证"势必"所管辖语义成分为因果关系当中的结论角色。衔接成分标记分为三种类型：一是关联语篇的话语标记，在"势必"句的句首位置，既有表推断性结论的"这样一来、看来、可见"等（例4a），也有表事态演变的"这样下去、长此以往"等（例4b）；二是关联复句的关联词，既有在关联句中表缘由或条件的连词"由于、如果、一旦、只要"等（例5a），也有在"势必"句前表示结论的连词"所以、那么、就、否则"等（例5b）；三是在"势必"单句中揭示主宾语间致使性因果联系的致果谓语动词"导致、造成、引起、影响"等（例6a、6b），其中单句主语为因、宾语为果，而在主谓之间的"势必"同样起到了关联因果的作用。

(4) a. 改革后是"谁种地，谁负担"，这样一来势必加大农民收入差距。
　　b. 贷户不堪重负，农民很有意见。这样下去势必影响农民生产积极性。
(5) a. 这批"笼中虎"一旦下山，势必对社会正常生活秩序造成混乱。
　　b. 既然我们要做火车头，那么势必要打破常规和惯例来做事。
(6) a. 石油消耗量的大幅度增加，势必会导致油船运费的猛增。
　　b. 交通落后，通信不发达，势必影响流通产业的发展。

从反面来看，"势必"句无法与关联句组成非因果的逻辑关联；即便是"势必"句与话语中的前句形式上组成了包括并列类、转折类在内的非广义因果的逻辑关联时，"势必"句也实际分布于外层因果、内层并列或转折的多层复句当中。这可以通过外层条件句移位(例7a、7b)、或在"势必"句中插入指代外层条件句的主语成分(例7c、7d)这两个方法得到验证。

(7) a. 如果硬打，刘秀即使能够以智取胜，也势必伤损严重。
　　b. 刘秀即使能够以智取胜，【如果硬打，】也势必伤损严重。
　　c. 国家用亏损补贴的办法不是长久之计，而且势必带来许多消极结果。

d. 国家用亏损补贴的办法不是长久之计,而且【这种做法】势必带来许多消极结果。

"势必"所关联的成分构成了前因后果的逻辑关联,这不仅能得到语言事实的正反印证,也能得到语感证实和认知解释:无论是"强调事物现象发展中的因果必然性"(北京大学中文系 1955、1957 级语言班 1982:391;潘汜津 2006)、"根据形势推测必然会怎样"(吕叔湘 1999:496),还是"前面有引发某种未来推断的条件"(叶明慧 2016),都共同指向副词"势必"所关联的两个话语成分——表形势的前提条件或认知预设与根据形势所推测的结果。即表示前提条件的话语成分"前提句"与表示结论的话语成分"结论句"在副词"势必"的话语片段中构成前因后果的假言式逻辑关系,其中副词"势必"分布于结论句的状位,管辖结论命题的语义。那么前提句与结论句在语义层的关联规律是什么呢?

1.2 "势必"在话语中的语义关联

潘汜津(2006)曾提出,"势必"具有说话人根据某种趋势断定其发展结果的"动态性"语义特征,其实,这是由"势必"语义关联所决定的。如何证实呢?根据调查,前提句与"势必"结论句的事理因果关系,可以分为两类语义关联:一是客观上事件发展的时间先后顺序的时间推进类,二是主观上说话人对事件先后关系的认知推断类。

第一,时间的推进性,即前提句与"势必"结论句构成"先发—后续"的时间关系。这可以得到正反验证:其一,前提句与"势必"结论句之间的时间连接词可以是表示后序的"今后、未来、最终"等(例 8a),但不能是表示前序的"原先、当时、本来"等(例 8b),也不能是表示同一时序的"同时、这时"等(例 8c);其二,前提句与"势必"结论句之间的状语成分可以是表示时间往后续推进的"这样下去、长此以往、在 X 后"等(例 8d),而不能是表述往先前回溯的"在此之前、在 X 之前、X 回去"等,也不能是表示同一时序的"与此同时、在 X 的同时"等(例 8e):

(8) a. 人类如不多加研究,【今后/未来】势必还会倍受困扰。

b. *如果是她亲自出马,【当时/本来】势必不会失败。

c. *世界要发展自然科学,【同时/这时】势必要重视为人类服务。

d. 企业如果不讲诚信,【长此以往/这样下去】势必失去生意伙伴。

e. *【在此之前/与此同时】,势必制定一个详细方案。

第二,认知的推断性,即前提句与结论句构成"信实—断定"的认知顺序。这可以得到两方面印证:其一,前提句信实性主要体现在前提句可以出现信实副词"真的、果真、果然"等,但不能出现估测副词"或许、恐怕、大概"等(例 9a、9b);其二,结论句断定性可以通过主句谓语以及"势必"句的句首话语标记进行判断与验证。一方面,当"势必"句是宾语小句,主句谓语可以是表示断定义的动词"认为、相信、表明"等,而不能是表示估测的"猜测、料想"等或表示存疑的"怀疑、质疑"等(例9c);另一方面,"势必"句首位置的话语标记可以是表示说话人断定无疑的"毫无疑问、事实上、看来"等,而排斥信疑不定的"说不定、没准儿、看起来"等(例9d):

(9)a. 要是他们【真的/果真/＊大概/＊或许】那样做,势必会招致报复。
b. 如果北约【果然/＊恐怕】冒险进行轰炸,波黑战争势必立即升级。
c. 严宏谟【认为/＊猜测/＊怀疑】,海洋工作不结合经济建设势必一事无成。
d. 【毫无疑问/＊说不定】,该协议的签署势必推动共同体出口水平的提高。

可以说,正是前提句的时间先发义和"势必"句的后续义共同构成了时间推进的语义关联,而前提句的认知信实义和"势必"句的断定义共同构成了认知推断的语义关联。由此,我们不仅能确定"势必"在话语中总是分布于表断定义的结论句中,而且还能构建前提句和结论句之间的逻辑关联和语义关联,如图1所示:

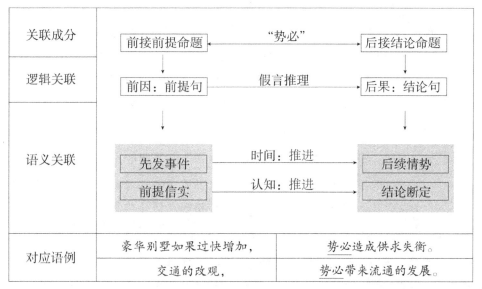

图1 "势必"的逻辑关联与语义关联

除了"势必"句的逻辑关联和语义关联之外,我们还需要揭示前提句与"势必"结论句各自的语义特征,才能构建"势必"句的整体话语功能,为提取"势必"语法意义奠定基础。

三 前提句的三个语义特征

调查发现,能够与"势必"结论句构成关联的前提句具有三个语义特征:时体的正然未然义、事件的变动发展义、认知的偏常失衡义。

第一,正然未然义。前提句所述事件所处的时态体貌一般是正在发生或还没发生的正然未然,而不能是发生在过去或已经完成的曾然已然。这从前提句状语位置的时间副词可以得到正反两方面的证明:一方面,前提句中可以出现表示事件正然的副词,如进行体"正在"或持续体"仍然、长期"等(例10a),以及事件未然的副词,如将来时的"将来、要"或假设义的"再不"等(例10b);但不能出现表示事件曾然的副词"曾经、从前"等(例10c),也不能出现表示事件已然的副词"已经"或已然义短语"至今、迄今为止"等(例10d):

(10) a. 东西部差距<u>正在</u>拉大,<u>势必</u>会影响到全国经济的协调发展。
b. 既然我们<u>要</u>做火车头,那么<u>势必</u>要打破常规和惯例来做事。
c. *我们<u>曾经</u>禁止印度的商业发展,这<u>势必</u>对它的人民是有损害的。
d. *分税制<u>已经</u>迈出历史性的一步,局部<u>势必</u>有得有失。

第二,变化发展义。从正面来看,"势必"前的前提句所表示的事件变化可分为始变、持变与变现三个阶段。一是表示新情况出现或变化的变动类词语,如起始义动词"开始、出现、发生、有、消失、建立、实现、工业化"等,突变义副词"突然、急剧、大幅"等(例11a);二是表示事件发展持续或量变的词语,如持续变化义动词"进行、增大、加强、陷入、蔓延、增加、回升、放缓、X下去、X开来"等,持续演变义副词"正在、继续、越、逐渐、更加、进一步"等(例11b、11c)。三是表示事件变化实现的词语,如结果实现义动词"V住、V成、V到"和实现义副词"完全、彻底"等(例11d):

(11) a. 大量钢铁生产能力<u>将出现</u>过剩,<u>势必</u>导致价格下跌。
b. 锻炼时由于呼吸量<u>增加</u>,在雾中<u>势必</u>会吸入更多的有害物质。
c. 波黑战火<u>进一步扩大</u>,<u>势必</u>会极大损害北约的信誉。
d. 一旦这种方法得以<u>实现</u>,<u>势必</u>会引起一场医疗革命。

从反面来看,"势必"前的前提句不能出现与变化性相对的静止性词语。无论是位置义动词"分布、位于"等(例12a)、特征义谓语动词"擅长、善于、习惯"等(例12b)、关系义谓语动词"等于、相当于、算是"等(例12c)、认知义谓语动词"知道、记得、认识"等(例12d)、意愿义谓语动词"希望、敢于、想"等(例12e),还是长时义成分与变化终点义动词搭配的谓语结构如"死了三年、完成至今"等(例12f),都因呈现出事件"静止性"的语义特征,而不能进入"势必"的前提句位置:

(12) a. *宪法<u>位于</u>塔顶,<u>势必</u>拥有最高权威。
b. *如果<u>善于</u>投资,总有一天这<u>势必</u>会成为一大笔钱。
c. *我国领海面积<u>相当于</u>陆地面积的1/3,海洋资源开发<u>势必</u>有很大潜力。

d. ＊她要是知道你还活着，势必要下毒手的！
　　e. ＊我希望你总是受伤，这样我就势必不用和你对抗了。
　　f. ＊自小说完成至今，势必被改编成电影、话剧、京剧等。

　　第三，偏常失衡义。前提句同现成分在表达时间、数量、程度、行为方式等概念时，呈现出一种选择偏差性，而排斥适量或常态或均衡的语义选择。从正面来看，偏常失衡义的词语有三类：一是表示不达或偏离常态的不足义，如缺失义动词"缺乏、没有、流失、失去、损失、忽视"等，片面义词语"只、仅、一味、单纯、不足、单一、片面、主观、盲目"等（例13a）；二是过度义词语"太、过于、大量、过多、过早、不加节制"等（例13b）；三是适当义成分的否定式，如"不充分、不及时、不均衡、不抓住、不达到、V 不到、V 不了"等（例13c）。从反面来看，前提句则通常排斥适当义词语，如"适当、恰当、妥善、及时、充分、全面、公平"等（例13d）：

　　(13) a. 翻译若仅就字面通常意义理解，译文势必失之偏颇。
　　　　b. 彩票立法的过于滞后势必导致政府监管权威的疲软。
　　　　c. 做不到公正执法，消防执法的诚信势必受到严重影响。
　　　　d. ＊只要【妥善/恰当/充分地】运用这些条件，郊区农业势必可以迅速发展起来。

　　前人（侯学超1998:519；叶明慧2006；谢静华2017）提出"势必"结论句存在消极语义色彩的倾向，其实从话语关联的因果推断性来看，"势必"结论句呈现出的消极倾向意味着前提句也是具有消极因素的，我们调查发现的前提句的偏常失衡义便能证明这一点。

　　总而言之，除了逻辑关联和语义关联外，前提句的三个语义特征也决定着其能与"势必"组成话语关联。

四　"势必"结论句的语义特征

　　根据"势必"在结论句中与同现成分的选择关系，我们可以从事件时体、命题内容和交际功能三个方面分别概括"势必"结论句的语义特征为：事件时体的未然演进义、命题内容的事态情势义和交际功能的关系利害义。

　　第一，未然演进义。结论句所述事件在时态或体貌上总是表示为事件还未实现的未然演变。从正面看，"势必"主要选择未然体副词"将、要、会、就要"等（例14a），持续体副词"继续、仍、不断"等（例14b），以及递进义副词"进一步、再度、渐渐"等（例14c）；而从反面看，"势必"则排斥已然体副词"曾经、先前、已经、早已"等（例14a），瞬时体副词"突然、顷刻、一会儿"（例14b），以及起始义副词"起初、原本、原先"等（例14c）。

(14) a. 夸大产品的功能和价值,势必【会/＊已】埋下一颗"定时炸弹"。

　　b. 政府部门势必【仍/＊突然】要去干预和直接管企业。

　　c. 缺乏生存能力的旧贵族势必【渐渐/＊原本】被社会淘汰。

第二,事态情势义。由于"势必"结论句所述事件处于尚未实现的动态演进中,因此通常表达说话人对所述事态未来演化状况的推测。主要分为两种情况:一是"势必"结论句的谓语动词往往表示事件的致果性变化,如"产生、冲击、出现、减弱、利用、介入、承担、寻求"等(例15a),而只表示事件静态的动词如"相当、属于、位于、遍布、任由、纵容、知道、同情、认为"等都不能进入结论句(例15b);二是"势必"结论句的动词补语往往是表示事件变化的趋向"V起来"或结果"V不了"(例15c),而不能是事件的静态状态"V得多、V得了、V得上"(例15d)。

(15) a. 自我调节不当,时间一长势必会产生一些偏差心理。

　　b. ＊大家势必会认为我是个只想着发横财的人。

　　c. 今后退休干部工作势必会加强起来。

　　d. ＊我认为他势必赶得上和巴西队的比赛。

第三,关系利害义。从"势必"结论句的交际功能来看,说话人不仅告知受话人前提事态发展的可能后果,还通过与听话者存在利害关系的事态后果提醒受话人可能产生的有利或不利影响,这一点既可以从结论句的谓宾搭配中看出,如"引起混乱、影响声誉、降低电价、促进发展"所述与当事人的利害关系(例16a、16b),也可以从结论句的句末助词中看出,这些助词主要是表示确认或变化的"的、了"(例16c)和表示征询义的"吧"(例16d)。

(16) a. 报道认为,期货交易的混乱势必引起金融的混乱。

　　b. 如此产生的综合作用,势必大大促进民族地区经济发展。

　　c. 新赛季的成都主场势必也会相当成功的。

　　d. 如果他拒绝了宰相的请示,势必得和不止一个的士兵战斗吧?

五　副词"势必"语义功能的整体提取

从语义语法理论来看,语法意义分为概念意义和功能意义,而副词的意义主要体现在其功能性方面(赵春利2020),这是因为副词"势必"本身的语法意义是通过"势必"选择的不同关联成分或者排斥的成分而显现出来的。那么"势必"的语义功能应当是什么呢?

第一,从话语上看,根据前提命题与"势必"结论命题的逻辑关联、语义关联,以及前提句和"势必"结论句各自的语义特征,副词"势必"的话语功能可以界定为"说话人循着客体事件的演变趋势,并据此推断其未来变化结果"的"循势断果"功能。

第二,从认知上看,根据副词"势必"整体的话语功能、前提句的正然未然义和变动发展义,以及结论句的未然演进义和事态情势义,可以将"势必"的语义功能界定为"说话人预测势态的未来演变,并以推断结论的形式呈现给受话人",即为"预断性"。副词"势必"成为预断义情态副词。

第三,从意向上看,根据前提句"偏常失衡义"的语义特征和结论句"关系利害义"的语义特征,将副词"势必"句所隐含的交际意图界定为"说话人从利害关系出发,预警受话人关注的势态的可能后果",即为"预警性"。

总而言之,从语法意义上,根据"循势断果"的整体话语功能、预断性的认知功能和预警性的意向倾向,副词"势必"的语义功能可以通过图2完整地表现出来。

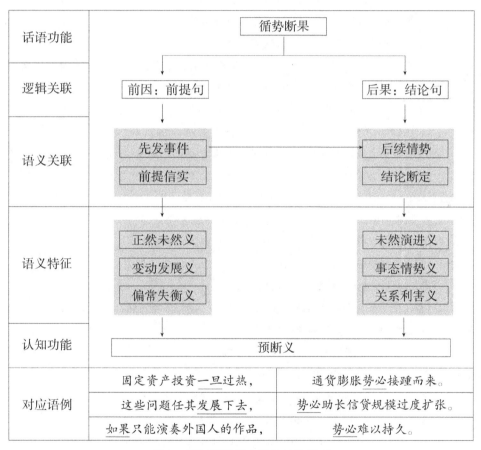

图2 "势必"语义功能的结构图式

参考文献

北京大学中文系 1955、1957 级语言班(1982)《现代汉语虚词例释》,商务印书馆。
崔诚恩(2002)《现代汉语情态副词研究》,中国社会科学院研究生院博士学位论文。
范开泰(1988)语义分析说略,《语法研究和探索(四)》,292—308 页,北京大学出版社。
方　梅(1994)北京话句中语气词的功能研究,《中国语文》第 2 期。
韩文羽(2020)《现代汉语必然类情态副词研究》,吉林大学博士学位论文。
侯学超(1998)《现代汉语虚词词典》,北京大学出版社。
李　涵(2011)《现代汉语确定性推测类语气副词研究》,大连理工大学硕士学位论文。
廖秋忠(1986)现代汉语篇章中的连接成分,《中国语文》第 6 期。
刘红妮(2009)《汉语非句法结构的词汇化》,上海师范大学博士学位论文。
吕叔湘(1990)《吕叔湘文集 第一卷:中国文法要略》,商务印书馆。
吕叔湘(1999)《现代汉语八百词(增订本)》,商务印书馆。
潘汜津(2006)《表必然的副词"一定""肯定""必定""势必"的对比考察》,暨南大学硕士学位论文。
齐春红(2006)《现代汉语语气副词研究》,华中师范大学博士学位论文。
邵敬敏(2004)"语义语法"说略,《暨南学报(人文科学与社会科学版)》第 1 期。
史金生(2003)语气副词的范围、类别和共现顺序,《中国语文》第 1 期。
唐　宁(2006)《现代汉语表确定推测类语气副词研究》,广西师范大学硕士学位论文。
王　露(2009)《现代汉语确定性推测语气副词研究》,上海外国语大学硕士学位论文。
王美华(2007)"势必"的词汇化,《湖南第一师范学报》第 1 期。
王维贤、李光焜、陈宗明(1989)《语言逻辑引论》,湖北教育出版社。
谢静华(2017)副词"势必"的语义分析,《现代语文(语言研究版)》第 5 期。
邢福义(2001)《汉语复句研究》,商务印书馆。
杨德峰(2009)语气副词作状语的位置,《汉语学习》第 5 期。
叶明慧(2016)《现代汉语推测类语气副词的语义韵研究——以"必"类为例》,暨南大学硕士学位论文。
张　斌(2001)《现代汉语虚词词典》,商务印书馆。
张谊生(2014)《现代汉语副词研究(修订本)》,商务印书馆。
张则顺(2012)现代汉语确信情态副词的语用研究,《语言科学》第 1 期。
赵春利(2014)关于语义语法的逻辑界定,《外国语(上海外国语大学学报)》第 2 期。
赵春利(2020)汉语句末助词研究的方法论思考,《汉语学报》第 2 期。
赵春利、方甲珂(2019)语义语法对句末助词研究的理论价值,《华文教学与研究》第 1 期。
赵元任(1979)《汉语口语语法》,商务印书馆。
中国社会科学院语言研究所词典编辑室(2016)《现代汉语词典(第 7 版)》,商务印书馆。
朱　丽(2005)《揣测语气和揣测语气副词》,上海师范大学硕士学位论文。

作者简介

范洪彬，暨南大学中文系研究生，主要研究现代汉语语法。Email：fhbhb@qq.com。

赵春利，暨南大学教授，博士生导师，研究方向为语法学、汉语教学、哲学。Email：ctzhaocl@foxmail.com。

"要你 V"的负面评价功能

——基于"要"类反问特殊性的预设否定

王 婧

四川大学文学与新闻学院

提 要 负面评价构式"要你 V"是明肯暗否的感叹祈使句,说话人通过回溯推理,先否定对方的行为预设,再推翻行为的合理性。反问句中表道义情态的"要"是驳斥对方不具备行为 V 这一权利的显性语素,为否定行为的合理性提供理据。"要你 V"的负面评价等级与说话人的元语用意识和双方的心理距离相关,通过说话人对 V 的定性,反映出说话人的主观态度,双方在 V 的情态评价问题上产生冲突,强化了负面评价语力。本文以使用频率较高的"要你管"为例,证明这类结构的语用推理特性和负面行事语力。

关键词 "要"类反问 语用否定 反问回应 负面评价

一 引言

日常交际中,构式"要你 V"常被用来否定对方行为,这是经过反问语用规约化得到的一种特殊反问句,表达否定祈使的句义。反问与引发之间必然具有一定的关系,以确保反问句的关联理解。本文分析认为,"要你 V"中"要"触发义务—权利关系推理,是构成关联理解的核心,能够使该构式从权利反问转变为行为否定。"要"字蕴含了交际双方对行为 V 前提的认知冲突,以及说话人对 V 的权利否定,包含了强烈的负面情感。因此,"要你 V"是一种表否定的负面评价的感叹句。

本文讨论的"要你 V"指的是"要"做助动词使用的表达效果,首先排除"要你 V"的同形异构形式。试比较下面两组例句,同样是"要你 V"的言语形式,例(1)是"让某人做某事"的使役结构,其中"要"是使令动词;例(2)是表"不要你 V"的明肯暗否的兼语结构,其中"要"是助动词。本文的研究对象是例(2)的"要你 V"构式。

(1)王军官说:"小鬼头,你样子真全变了,你参谋怕你在上海捣乱,累了二先生,

要你跟我回去,你是想做博士,还想做军官?"(沈从文《虎雏》)

(2)"她晚上总是在外头鬼混,一没盯紧便走偏了魔道。真拿她没办法。""走偏了魔道,这种说法未免太奇怪了。""要你啰嗦!"老师怒斥,几颗饭粒自口中喷飞。(森见登美彦《有顶天家族》)

进入构式的 V 可以是词、短语,也可以是句子。句法功能上,"要你 V"主要以单句形式出现,如例(2)和下面的例(3),也有分句,如例(4)。

(3)正当我轻拍鼓胀的圆肚,从房内角落的大型欧式衣柜传来一个含糊的声音。"好贪婪的吃相!""是海星吗?"我望着挂钟问。"你为什么躲在衣柜里?""少啰嗦,要你管!"欧式衣柜晃动着。(森见登美彦《有顶天家族》)

(4)她说着这话,脸子是板得铁紧,一些笑容也没有。玉坚又碰了她这样一个钉子,倒呆了一呆。大妹扭转脸来看他,却又笑了。低声道:"这又与你有什么相干?要你来找我。"(张恨水《北雁南飞》)

"要你 V"是一种明肯暗否的祈使句表达,通过"以言行事"的方式实现语用上的否定。这种语用否定的过程表现出主观化的特征,"主观化是说话人越来越从自我的视角出发,用会话隐涵义或语用推理来表达未用语言形式表达的意义"(沈家煊 2001)。在"要你 V"中,省略了言者主语,并通过反问形式,将隐含义"不要你 V"提升为"以言行事"的否定祈使句,完成了从行为否定到负面评价的语用逻辑推理,实现了负面评价构式的主观化。

张伯江(1996)认为"焦点是和预设相依存的。一个肯定或否定的判断,背后都有一个听说双方共同认可的中性判断,这个中性判断就是预设"。胡德明(2010)指出"反问句是对言论或行为 q 的前提 p 的提问",提问的结果使得对方行为的前提不能成立,达到否定对方言论或行为的目的。简言之,反问句通过否定命题成立的前提条件或者预设来推翻命题。李宇凤(2010)也指出,反问的否定意义是回应条件下语用推理的结果。

方梅(2017)认为负面评价的规约化是指负面评价解读难以从其构成成分的意义直接获得的现象,负面评价构式不依赖贬义词汇表达言者的对立情感。本文认为"要你 V"是一个趋于成熟的负面评价构式。以义务模态"要"所隐含的权利关系为着眼点,分析说话人如何通过回溯"要你 V"命题的预设条件来否定对方行为,表达一种指责对方越权的负面立场。

二 "要你 V"的回溯语用推理

"要你 V"的语用逻辑是听话人实施 V 这一行为损害说话人的利益后,说话人用反问的言语形式否定对方行为,并表达责备的负面情感。"要你 V"的现实前提是听话人正在进行或已经完成了 V 这一行为。按照"前提—结论"的逻辑关系推理,该事件的前提条件是听话人有实现 V 这一行为的权利。说话人通过回溯,发现听话人自以为拥有实现行为 V 的权利,于是用反问来否定对方的前提条件,推翻行为 V 的合理性。

2.1 否定预设的回溯推理

郭继懋(1997)在讨论反问句的否定原理时,提出了相关的语义语用条件,包括行为 X、预设 Y,以及 X 与 Y 之间的某种逻辑关系①。按照这一原理,X 指听话人实施了行为 V,预设 Y 是谈话双方都应该认为"我不要你 V"这个命题为真。如果 Y 为真,那么 X 不合理;如果 Y 为假,X 就合乎情理。从这个角度来看,"要你 V"也是对明显为真的预设进行提问,这个预设是双方都认为"说话人不要听话人 V",从而否定该行为的合理性。李宇凤(2010)认为引发 X 的准确表述应该是语境现实在说话人头脑中的主观反映,缺乏一定的客观现实性。"要你 V"中的 V 能反映说话人的元语用意识,并影响负面评价等级,后文将会详细讨论。

"当交际双方需要调出共同背景中的某条信息时,或者对谈话的共同背景信息认识有分歧时,可能会使用反问句。"(张文贤、乐耀 2018)听话人认为对方的言行是出于某一个共同背景信息——谈话双方都默认听话人有实施 V 的权利,而说话人并不认可这样的背景信息,于是用反问句式"要你 V"对此提出质疑,并结合语境信息,将"你不能对我做出 V"纳入基本背景信息,意在表达"你应该知道我不同意你这样做"。如例(5)毛三叔用"我的好朋友""我老婆"与狗子划清界限,基本信息是身为"外人"的"你"无权对"我"的事指手画脚。"要你 V"是在指责对方连最基本的背景信息都不清楚,还在这里大惊小怪。

(5)毛三叔放了手道:"放你娘的狗屁!李少爷是我的好朋友。我老婆送点东西给他吃,有什么要紧?<u>要你大惊小怪</u>,拦路告诉。"(张恨水《北雁南飞》)

无论是前提预设还是共享信息,都是说话人试图站在听话人立场上寻找行为 V 发生的理由,然后用反问表达对该理由的质疑。一般情况下,反问句直接否定听话人的言语和行为,但"要你 V"则是对回溯推理后得出的行为预设(前提)进行否定,这缘于"要"字是触发语用推理的关键因素。

2.2 回溯推理的表现——"要"的情态力

助动词"要"是触发否定性语用推理的关键点和进行义务—权利推理的依据,也是说话人根据社会规约对听话人施加某种行为的情态力。首先分析"要"的情态性质,究竟是道义情态还是意愿情态。道义是指根据社会规约,某人是否具有某种义务,含有为维护自身权益而实施某种行为的必要性,强调从客观现实的角度判断对方行为,而意愿是表明说话人的愿景和意向,强调从主观虚拟的角度表达对听话人行为的看法。

从道义情态的角度看,说话人否定对方权利所表达的负面情感力度比表达自己的否定意愿力度更强。祈使句要求对方实施某种行为,并获得行为反馈。意愿是对某事物的主观性看法,与说话人自身的关联度更高。前者可操作性强,也是祈使句的典型表达。从现实的角度看,权利指为了维护自身权益而实施某种行为的必要性。权利的客观现实性比意愿更强,否定权利时更有说服力。

回溯推理中,表道义情态的"要"通过否定对方的权利来否定对方行为的合理性。在"不要你V"的言外之意中,"要"可以理解为意愿情态,体现说话人对行为V的强烈抵触情绪和负面回应态度。根据"要你V"省略主语的情况来看,"要"似乎偏向意愿情态,但还原主语后发现,"我不要你V我"实际上表达的是实质的权利否定,即"你不要V我"。由此得出,"要你V"的"要"属于道义情态。

2.3 即时性的道义情态否定

《现代汉语八百词》中"要"有一个义项是"需要,应该。必带兼语",指的是情理上必须如此,属于道义情态。邓波(2020)认为道义情态可以分为两种情况,一种是泛时性的情理要求,如社会规约或人们公认的做事原则;另一种是即时性的情理要求,说话人根据客观环境和条件认为对方按情理应该或不应该实施某种行为。前者在"要你V"中表现为听话人违反了社会规约,说话人通过回溯推理来质疑对方行为V的依据;后者是说话人根据客观条件认为对方应当即时施为或不施为的情况下,从道义上否定对方。

一般情况下,道义情态否定是基于泛时性的情理要求,即时性情况较为特殊。如例(6)中,尽管老李的责备是符合情理的,但此时此刻老王夫妇正吵得不可开交,老李不应该火上浇油。老李媳妇的"要你多话"是根据当前的客观条件认为对方不应当多话责备老王。例(7)中,儿子责备父亲现在才来关心自己,肯定父亲有"管"的义务,但"管"的时机已经晚了,"要"在这里是否定对方的即时义务。

(6) 老李:老王,这本来就是你的不对,你没事先告知你媳妇儿,出了事人家肯定会误会的啊!

老李媳妇:行了行了,<u>要你多话</u>!(BCC语料库)

(7) 父亲:你这次期中考试都倒数几名了,以后你的作业完成情况我要全部检查,好好监督你!

儿子:你以前从来都没问过我的学习,我考多少我乐意。<u>要你管</u>!(同上)

回溯推理的影响集中表现在"要"的情态力,说话人根据"预设—行为"的逻辑质疑听话人的行为依据,指责对方违反道义原则而实施了行为V。客观情理上的道义谴责进一步加强了该构式的否定义,情态义增强了指责的负面评价色彩。助动词"要"既是回溯的起点,也是道义谴责的终点,并通过反问的形式强化构式的语力。

三 "要你 V"的负面评价感叹

"要你 V"的负面评价来自回溯推理的预设否定,交际双方对行为 V 前提的认知冲突和对对方干涉行为的回击都包含了强烈的责备情感。"要你 V"是从反问语用规约化得到的特殊反问句,同时也表达了否定对方行为的祈使句义。无论是回溯推理中的反问质疑,还是明肯暗否的祈使句义,都包含了说话人责备、愠怒的负面情感,其中从惊异到惊怒的情感增量也加强了负面评价感叹。日常生活中常出现的内部言语用例也从另一个角度佐证了评价的语用功能。

3.1 "要你 V"的强质疑性

反问有三类回应对象:言语、现实行状和社会观念。以"X 什么 X"为例,该反问构式是否定听话人的动作行为或言语,进而表达说话人隐含的否定态度和立场。"要"类反问所回应的是行域、知域、言域的前提——权利,具有特殊性。如例(8a)既可以是提醒、建议,也可以表达反驳、不满的态度,但都是围绕"急"这一现实行状所做出的否定表达,例(8b)是说话人认为对方压根没有"着急"的权利和立场,不具备"要"的资格,从而否定"着急"的行为。

"要"的道义情态引发了该构式的回溯推理,通过反驳听话人 V 的权利否定对方行为。从该构式的结构来看,助动词"要"后面紧跟指代对方的人称代词"你",将其作为身份标识的焦点凸显出来。例(8b)强调听话人"你"的身份资格,暗指对方没有权利着急,也是通过点明身份希望对方摆正自己的立场,不要干涉别人的家事。此外,第二人称代词"你"本身具有的反立场性和远距离感也有一定负面表达倾向,相关例证在此不多论述。

(8) a. 别人家的媳妇出事了,你急什么急。
　　b. 别人家的媳妇出事了,<u>要你</u>着急。

再与一般反问句相比较,例(9a、9b)表达负面评价的差异。"你岔什么嘴"和"要你岔嘴"的字面意义是你岔嘴这件事是不对的,但否定的路径不同。"你岔什么嘴"通过疑问代词"什么"质疑岔嘴的行为。"要你岔嘴"的隐含义是"不要你岔嘴",表明听话人"你"没有岔嘴的资格。同理,例(10b)也是反问对方对这件事是否具备"大惊小怪"的权利。

(9) a. 你岔什么嘴。

b. 要你岔嘴。
(10) a. 这件事有什么要紧？你有什么好大惊小怪的？
　　　b. 这件事有什么要紧？要你大惊小怪？

　　根据回应对象的特殊性和第二人称代词的身份特征，进一步印证了"要你 V"的强质疑性。不同于其他反问句表达，"要你 V"的回应对象是具体行为的前提条件——权利，说话人反驳对方的态度更为坚定。用"你"来强调听话人的身份，结合语境从身份立场上弱化了听话人实施行为 V 的合理性。

3.2 "要你 V"的强感叹性

　　对比发现，"要你 V"的感叹强度大于意思接近的反问句"要你 V 吗？"。"要你 V"是经过反问语用规约化的特殊反问句，而"要你 V 吗？"是一般反问句，两者的句式转化从一般反问的惊异转向感叹的惊怒，其中的情感增量强化了"要你 V"的负面情感表达。

　　根据反问句和感叹句的相关性和转化机制，语义上反问句和感叹句都表示了某种确定的意义，还附着了某种情感义。比如"要你管"和"要你管吗？"都表达了"不要你管"的否定含义，反问句包含愤怒情绪和质问语气，而祈使句直抒胸臆，责备情感更强烈，满足反问句向感叹句转化的丰富情感义。

　　反问句向感叹句的情感转化导致了"要你 V"的强感叹性，表现在惊异向惊怒的情感转量上。"反问是最常见的语用否定方式，但它也常常（但不必然）带有感叹语气。"（陈振宇、杜克华 2015）"要你 V 吗？"是说话人接收外部消息感到意外而引起的反感和愤怒，带有一定的感叹语气。"要你 V"是说话人表现强烈情绪，试图激化对方产生特定情绪或促使对方做出特定行为，感叹程度更高，是说话者指向感叹向听话者指向感叹的转变[②]。

　　反问句向感叹句转化需要一个非常重要的条件，即"惊异"，它是推动反问向感叹转化的一种关键性语义和情感因素。比如"要你管吗？"的语境证据超出了说话人的主观预期和信念，有反预期的表达效果，产生的"惊异"情感使其具备了向感叹句转化的关键性情感因素。转化后的"要你管"变成了否定祈使句，命令对方停止某种行为，并衍生出"惊怒"的情感，形成了强负面表达。

　　感叹句的语义构成是报道信息、传递感情，报道的是被焦点化的新信息。"你对我 V"既是新信息也是惊异的来源，根据语义与情感之间的关系，感叹程度越强，语义越发凸显。"要你 V"的强烈感叹下蕴含了强烈的否定，如例（11b），小金没想到妯娌竟然插手管自己家的事，违反常理预期，"要你管吗？"的质问中掺杂了惊异。而例（11a）"要你管什么"保留了部分惊异，但更多的是责备的负面情感，指责听话人"你竟然会认为自己有管我的权利"，情感强度明显提升。

(11a)小金的嗓子也敞开了,她说:"我家里的事情,要你管什么!不就是你哥哥和侄子在你那儿住了几天吗?你就邀功来了。谢谢你!行了吧?"(池莉《生活秀》)

(11b)小金的嗓子也敞开了,她说:"我家里的事情,要你管吗?……"

3.3 内部言语"要你 V"的负面评价功能

内部言语与外部言语存在一致性,都能表达说话人内心的真实想法,但内部言语不具备信息的传导性,无法与外界进行真实交流。内部言语"要你 V"在缺少听话人的情况下进一步削弱了其否定祈使功能,更多地表达内心评价,因此更具有主观性。

维果茨基认为,内部言语是个体利用自我独白的方式完成心理对话和情感交流,而外部言语是对外输出的言语。"要你 V"有一种集说话人与听话人为一体的自我对话模式。如例(12)中,万良担心艾晚是不是得了什么急病,又赶紧责怪自己在瞎操心,体现了万良纠结和嫉妒的情感。自我对话的情感交流不与外界产生联系,"要你 V"的反问表达效果作用于说话人自己,凸显负面的自责情感。

"要你 V"还可以用来对他人行为进行延后回应,如例(13)中,说话人用"要你管"责怪老师瞧不起他看动漫的行为,表现出恼羞成怒的情绪。同样,例(15)表达了说话人作息时间被手机监视产生的愤怒感,无法真实交流,不能让手机停止"管"的行为。这些无效回应的"要你 V"不能从现实角度发出禁止命令或有效制止对方行为,祈使功能大大降低。

由于不能对外产生实际效果,无论是自我独白还是无人回应的内部言语,都只能将"交流"转为"评价",当说话人与听话人同归一人时,祈使句的言语义被弱化,而评价感叹功能被增强。

(12)万良在感到复仇的快意同时又不相信真是这么回事。老兵密语相传之时,周围绝对没有第三者。莫不是得了什么急病?万良刚动恻隐之心,又忍不住骂自己:人家有钻砖堆的小伙子照顾着,要你瞎操心!眼睛不顾心里怎样想,早已开始关切地打量艾晚。(毕淑敏《看家护院》)

(13)今天看动漫被老师抓了。老师说:"都多大人了还看动画片?"喊,我就喜欢看!要你管!(微博)

(14)怎么会有人这么没礼貌,带着嘲讽的语气教育你为什么要坐电梯下到一楼去吃饭,明明二楼才最方便。"你们大几的?怎么这么傻不拉叽的!"我去一楼我喜欢,要你管。(同上)

(15)1点钟手机还要提醒我早点休息?我只有一句:要你管。(同上)

综上,客观的道义情态否定和主观的惊怒情感增量集中表现为"要你V"的强质疑性和强感叹性,表达了指责对方的负面评价态度。"要你V"在内部言语中的用例多发生在抱怨、谴责、责备的语境中,内部言语弱化了对外输出和评价,进一步凸显了主观的评价色彩。无论是从现场对话的权利否定、情感增量,还是从内部言语的评价色彩,都证明了"要你V"的否定祈使功能已转向负面评价功能,证明了该构式的主观化特点,后文将基于主观评价的特点进行进一步论证分析。

四 "要你V"的语用功能

"要你V"的语用否定功能与话语语境的复杂性和谈话双方的人际关系密切相关。根据构式的基本原理,V的性质要顺应"要你V"构式的语用否定功能,进入该构式的V是一种有强干涉性的施为动词,"要你V"质疑对方是否具有干涉权利以及相应的具体范围。V的选择反映了说话人的元语用意识,即说话人对行为V的定性,说话人是否能接受V这一行为影响负面评价的强度。另外,谈话双方的社会身份关系以及人际关系亲密度也影响"要你V"的情感表达功能。下面结合具体语境分析其复杂的语用效果。

4.1 身份—行为关联下的行为否定

身份—行为关联从凸显权利的身份特征的角度为"要"的权利否定提供进一步的理据支撑。"你具备V的权利"的身份是说话人临时互动建构的,后续的否定驳斥行为也是基于身份建构展开的。回溯推理通过反问得到祈使否定,从而"制止"不符合身份的行为。

身份与行为具有社会性关联,这是特定角色不断重复操作某一行为事件并为社会大众所共知和认可的一种强关联存在,属于道义情态的范畴。"在其位,谋其政""各司其职"都是身份—行为关联的表现。"要你管"是从构式"要你V"衍生的凝固性和使用频率都很高的言语表达,"管"也符合V的干涉性。按照适用范围大小,关联可以分为个体关联和集体关联,家长管孩子是全体社会成员都遵守的集体关联范畴。"每个家庭对孩子管教的具体方式属于个体关联,这种关联只有家庭成员知晓。"(李先银、洪秋梅2017)身份—行为的情理关联为否定行为合理性提供了进一步佐证,从否定身份到否定权利,最后完成否定行为的闭环。

"管"是包含复杂行为集的多重关联,一个身份可以关联很多行为,比如老师要管学生的学习状态、心理压力以及是否与同学保持良好关系。"管"涉及何时何地何种方式多个因素,有一个合理的权限范围,超出范围的越界行为会引发对方产生抵触的负面情绪。因此,我们将否定"管"的合理性细分为驳斥听话人"管"的整体权利和指控听话人越界的局部权利两方面。

4.1.1 干涉权利的整体反驳

权利是指社会规范和某种权威下需要履行的事务,属于情理关系范畴。"管"是依赖双方身份特征存在的特定权利关系,否定对方的身份就否定了权利关系的前提。"要你管"隐含了质问对方身份的言外表达——"你是谁",通过第二人称代词"你"引导对方反思自己的身份特征——是否有"管"的权利。说话人先否定对方的身份,再否定权利,最后否定行为,使得责备行为显得顺理成章。例(16)中,小金责怪小姑子伸手管自己的家务事,用"我家""你哥哥""你侄子"这几个含有立场分离的指称语划清身份界限,否定对方"管"的权利。

需要补充的是,从序列位置上看,"要你 V"用于回应话轮,话轮位置自由,一般没有后续话轮对该命题进行答复。从话语形式上可以默认听话人认同说话人否决身份—行为的逻辑思考。另一方面,构式中"你"的不可替代性也表明,面子威胁是这类构式具有负面评价解读的重要原因(方梅 2017)。

(16)小金的嗓子也敞开了。她说:"我家里的事情,要你管什么!不就是你哥哥和侄子在你那儿住了几天吗?你就邀功来了。谢谢你!行了吧?"(责骂小姑子来双扬)(池莉《生活秀》)

4.1.2 干涉范围的局部对抗

"要你管"否定听话人行事的权利,但在某些情理关系中,听话人确实具备该权利,因此需要详细界定权利的范围。说话人在整体上承认听话人具备实施行为 V 的权利,但在局部范围内否定听话人的权利。父母有管教孩子的权利,但并非事无巨细地约束。例(17)中,母亲存在"管"的权利,儿子应该按时起床完成作业,"要你管"的责怪显得不合理。同时,母亲的管教也要有合理的界限范围。例(18)中,母亲偷看儿子日记是越界的管束,严重侵犯了被管人的隐私权。"要你管"是在反驳父母的管理方式不合理,不是对权利的质疑,表现了权利情理关系的局部对抗。这种局部对抗也是前文中提到的即时性的道义情态否定。

(17)母亲:都十点了还不起床,作业写完了吗?
儿子:要你管!

(18)母亲正在翻看儿子的日记,儿子十分着急地抢了过来,母亲怒吼道:"我生你养你,难道还不能看你的日记吗?我这是在关心你!",儿子也生气地回一句:"要你管!父母就能随便看孩子的日记吗?"

"管"这一行为反映了说话人和听话人之间势位的比较,被管者显然处于低势位。社会情理关系默许了部分势位的分配,例如教师和学生、上司和员工、家长和孩子等有明显的高低势位关系。"要你管"表明说话人正在力图争取更高权势地位,或者获得一个和听话人相对平等的话语权,从势位关系的角度来看"要你管"通过挑战听话人的话语权威表达负面评价。

"要你管"具有情理对抗和负面行事语力的代表性,"管"正是该构式语用特殊意义的直接体现,同样"要你 V"的其他结构也适用于否定对方干涉行为 V 的权利和范围。"要你 V"通过反驳对方干涉的权利和局部对抗的范围,更全面地说明了"要你 V"的合理性,尤其是局部范围的权利反驳,对如何否定对方权利这一问题作出了细化解释。

4.2　V 的主观性导致认知冲突

行为 V 是否存在本应通过客观现实世界得到印证,但在主观化的负面评价构式中说话人可以对 V 进行定性。李宇凤(2010)提到:"反问否定作为说话人主观的推理性表达意图,不是回溯推理或前提推理加回溯推理的必然结果。"由此推理出来的结论不一定与现实情况相符合,只是作为主观事理的否定。"要你 V"是回溯推理后对行为预设进行主观事理否定,那么说话人如何定义行为 V 也影响否定功能的表达。

"要你 V"是主观化的负面评价构式,说话人先将对方行为 V 定性,再表达负面立场,不以客观现实世界为转移。一方面说话人对行为 V 的定性反映出他的主观态度,另一方面可以通过"要你 V"定性对方行为,并以此回溯推理完成行为否定和道义责备。如例(19)中,启奎伸手挽住媛媛的头发是出于关心,媛媛却认为这是启奎在"管"她,谈话双方对"管"并未达成共识。语境证据显示新婚夫妇正处于吵架阶段,女主故意将启奎的关心曲解为管制、约束,这种违背听话人真实用意的理的行为 V 恰好表明了说话人的负面事理认知。

> (19)启奎伸手挽住了她的头发,道:"仔细弄脏了!"(媛媛)猛把头发一甩,发梢直扫到他眼睛里去,道:"要你管!"启奎嗳唷了一声,揉了揉眼,依旧探过身来,脱去了手套为她理头发。(张爱玲《琉璃瓦》)

听话人能根据说话人对 V 的定性,揣测说话人的负面事理态度。根据交互主观原理,双方对行为事件的情态评价是否一致关系到其能否进入交谈双方的共同背景。听话人越不认可行为 V,对双方的人际关系挑战越大,实施的负面评价语力越强。故推断行为定性与负面评价语力呈负相关,行为越偏离听话人的认知或是一般看法,负面评价的力度越强;反之,负面评价的力度越弱。

V 的已然和未然状态不影响"要你 V"的冲突效力,即使行为 V 尚未实施,说话人仍然可以通过听话人的话语对其打算实施或不实施的行为进行否定。如例（20）中，王老二说自己不打算管后生的事情了，桂姐用"要你管"来回应，一方面是反对王老二之前自认为自己"管"的行为，另一方面也否定对方未来"管"的权利，也就是说，否定对方 V 的权利不受时间影响。

  （20）"这就是了。"王老二说，他也满意了。"我今年六十九岁，一霎眼七十，人生七十古来稀，阎老五点我的名了。我就是要留下这块地，埋这几根老骨头，别的事，都听你们后生子调摆，我都不管了。""要你管，要你管！你这个死老倌子。"桂姐还是生她二伯伯的气，小声地在骂。（《人民日报》1957－01－15）

  说话人的主观事理认知违背听话人预期导致认知冲突的产生，使得"要你 V"的负面评价语力增强。前面从句式和情感上讨论了"要你 V"负面评价感叹的缘由和特性，此处从语用角度讨论说话人是否同意对方实施行为 V 是分析该构式增强其负面语力的方式，根据说话人对 V 的主观定性，进一步阐述该构式表达负面评价的原因。

4.3　人际关系影响负面构式的情感强度

  负面构式"要你 V"的表达离不开社会语境的支持，说话人是否将对方纳入人际关系亲密网影响负面评价的强度，具体表现为高程度的责备和低程度的嗔怪。将嗔怪和责备都纳入负面评价的范畴，共同点是从言语形式上看说话人都将责任转嫁到听话人身上。

4.3.1　疏远关系的负面情感——责备

  "要你 V"的责备情感源于对方实施越权或越界的行为 V，"要你 V"通过反问对方是否具有相应的身份与权利来否定行为，表达责备的负面评价态度。

  责怪是一种典型的负面情感表达，与"否定对方"有着天然的联系。前面例（5）狗子打着关心的旗号，告诉毛三叔他老婆和李少爷之间有些不清不楚，引来毛三叔的责骂。情理上，毛三叔和他老婆之间的关系更亲近，狗子被排离在人际亲密圈之外。夫妻之间的事无须外人多言，何况还是一些负面消息，"要你大惊小怪"是责怪狗子多管闲事，并告诫对方立即停止这种行为。例（21）中，尔郎是克里斯汀现在的未婚夫，保护妻子是丈夫的责任，有权指责前未婚夫西蒙没有保卫她的资格。尔郎认为西蒙的做法是在妄图剥夺自己作为未婚夫的权利，"要你来保卫他！"是否定对方的"保卫"行为，表达尔郎的责备和愤怒。

  （21）尔郎恶狠狠说，"你再也无权命令'劳伦斯之女克丽丝汀'了。她现在是我的人。"西蒙凶悍地说，"我相信如此。你带她进了多么好的洞房——"他站着喘气，然后控制自己的声音，静静说："但是她父亲没来接她以前，我还是她的未婚夫。我不惜用刀剑来保卫她的名节——别人眼中的名节。""要你来保卫她！我可以！"西蒙在他背后拍拍两只手。(温赛特《克丽丝汀的一生》)

4.3.2 亲密关系的负面情感——嗔怪

嗔怪情感的前提是谈话双方关系亲密，或是说话人企图拉进双方的心理距离。说话人的主观意愿是接受对方实施 V 这一行为，"要你 V"是言不由衷的表达，所以产生特殊的语用效果。

(22)"我从前真担心她会飞到别家去。现在我不怕了，我晓得有二哥在这儿，我很可以放心了，"淑华看见蕙的眼睛里渐渐地浮出泪水，便故意打趣琴道。"呸，我在说正经话，要你来岔嘴。我又不是小鸟，怎么会飞来飞去？"琴微微红了脸带笑啐道，惹得众人都笑了。(巴金《春》)

(23)"这王佳芝最坏了！"易太太喜欢连名带姓叫她王佳芝，像同学的称呼。"这回非要罚你。请客请客！""哪有行客请坐客的？"马太太说。"麦太太到上海来是客。""易太太都说了。要你护着！"另一个黑斗篷说。(张爱玲《色戒》)

(24)老人道："那就说不上。"看他样子，有些烦腻似的。金荣在身上一摸，摸出两张毛钱票，递给老人道："我吵了你，这一点儿钱，让你上小茶馆喝壶水罢。"老人道："什么话！要你花钱。"说时，他搓着两只枯瘦的巴掌，眼睛望着毛钱票笑。(张恨水《金粉世家》)

例(22)淑华为了缓解琴伤感的情绪，故意打趣琴像只鸟儿飞到别家去，琴内心受用，但故意将淑华的行为定义为"岔嘴"来缓和气氛，负面强度低下。根据语境可以判断出淑华和琴两人的关系亲近，"岔嘴"这样负面性较强的词语反而能体现两人心理距离很近。"要你来岔嘴"体现了嗔怪的感情，属于低程度的负面表达。

例(23)王佳芝临时有事要走，不能参与牌局，于是易太太要她请客赔罪。表面上马太太在帮王佳芝找说辞，但通过"麦太太"这一称呼可知，两人关系并不亲近。易太太将王佳芝看作十分亲近的人，黑斗篷也深知这一点，用"要你护着"来打趣充当和事佬的马太太。"要你 V"从形式上看表达了对听话人马太太的嗔怪，但其主要作用在于现场的其他两位听话人。黑斗篷的"要你护着"表明，易太太与王佳芝共处一个亲密关系网中，不需要"外人"马太太在中间插嘴护着。根据后续语境可知，易太太喜欢年轻漂亮的女性簇拥，黑斗篷的"要你 V"既嗔怪了马太太，又讨好了易太太。

例(24)当金荣摸出毛钱票准备给老人时，老人的态度从一开始的烦腻转为了望着钱票笑。老人意愿上十分接受对方"花钱"的行为,为了让自己收钱收得心安理得,用"要你V"嗔怪对方。言外之意是"凭咱俩的关系不需要您拿钱票,既然给了,我就勉为其难地收下了",表现出老人试图和金荣套近乎的诏媚。金荣摸出两张毛钱票的行为符合老人的主观愿望"想要钱票",此处的"要你 V"属于低程度的嗔怪表达。

"岔嘴"是负面性质的 V,"护着"是正向表达的 V,"花钱"是中性的叙事表达。但三者都表达了低程度的嗔怪行为,这说明行为 V 对构式的压制作用有限,侧面说明"要你V"属于成熟的负面构式表达。

根据双方的交际意图可以分辨高程度责备和低程度嗔怪。责怪是在挑战和谐关系并表达负面态度的立场,嗔怪是维护双方和谐关系的情感表达方式。行为 V 是否符合说话人的主观意愿以及双方心理距离的远近是判定责备和嗔怪的两个重要条件,与行为 V 本身的色彩性质关系不大。

4.4 小结

本节讨论了行为 V 的定性对负面构式的影响以及如何表达不同程度的负面感情。对干涉行为 V 的否定分为整体和局部两个方面,细分了否定对方行为的权利前提和局部范围,并通过身份—行为的情理关系完成回溯推理的否定。V 的定性反映说话人的负面事理态度,激化双方的认知冲突,表明行为 V 能够影响构式的负面评价程度。然而,存在另一种情况是行为 V 符合说话人的主观意愿,双方在交谈期间处于和谐关系,只是出于客套和谦虚使用"要你 V"表达,打破了构式的常规意义,表达了低程度的嗔怪情感。

说话人通过对 V 的情态评价表达负面态度,可以佐证行为 V 对构式存在一定的压制作用。同时,这种压制作用受限于说话人的主观意愿,可以表达低程度的负面评价。行为 V 是听话人了解说话人评价态度的着眼点,强化"要你 V"构式的负面评价语力,帮助双方完成信息和情感的交流。

五　结语

"要你 V"是一个成熟的负面评价构式,负面评价感叹是构式的核心功能,通过回溯行为的前提并对其进行质疑,先否定预设再否定行为。负面构式的功能特征表现在"要"类反问的特殊性和行为 V 的负面事理认知。助动词"要"的强质疑和强感叹特征先触发语用推理,从道义情态角度否定行为。说话人对行为 V 的定性反映其元语用意识,双方在 V 的情态评价问题上无法达成共识,导致了认知冲突和负面评价语力提升。

"要你 V"是表否定的感叹祈使句,其否定来源于三个方面:第一,语用回溯推理后行为预设的否定;第二,反问句式"明肯暗否"的机制作用;第三,强烈感叹的情感下孕育的否定。反问句向感叹句的情感转化集中体现为惊异向惊怒的转量,祈使句表达迫使"要你 V"转向听话者指向感叹,增强行事语力,表达负面评价态度。

"要你 V"构式表达中最高频的 V 是"管"这一施为动词,构式中"你"否定听话人实施"管"的身份和权利,进而否定行为的合理性。将复杂集合体"管"细分为整体上驳斥听话人"管"的权利和局部指控听话人越界的权利,反映了情理关系的局部对抗。

目前,进入该构式的 V 多是强约束性动词,随着构式不断发展,V 的可替换性和能产性逐步增强。V 的性质对评价色彩的影响微乎其微,对说话人主观态度的反映能力也逐渐减弱。中性词和褒义色彩的 V 在"要你 V"构式中都能表示消极意义,如"要你做好事"。"要你 V"需要在反复的社会互动中逐渐形成稳定的负面表达,摆脱对语境的依赖,固化语用否定的表达功能,实现高度规约化。

注 释

① 条件 1:发生了一个行为——X。而且有人认为 X 对,说话人——在本文中专指说反问句的人——认为 X 不对。

条件 2:存在一个预设——Y,即说话人说话时认为明显为真的一个命题;由于是明显为真的,所以他设想听话人也认为是真。

条件 3:说话人认为行为 X 与预设 Y 明显地——由于是明显地,所以他设想听话人肯定知道 X 与 Y——具有如下逻辑关系:

a. 如果 Y 真,那么 X 不合乎情理,是错的。

b. X 只在 Y 的否定命题为真时才合乎情理,才对。

a 和 b 也具有预设的性质。

② 说话者指向感叹(exclamation directed to speaker),说话者由于遭受某种外部信息,一般是由意外引起的反感、愤怒、痛苦或赞叹、幸福等强烈的感情或情绪,它们在话语中的表露,并不必然对他人产生影响,可以只是言者自身情绪的反映。听话者指向感叹(exclamation directed to hearer),说话者表现出某种强烈的感情或情绪,试图影响对方使之认同或激化对方产生特定的情绪或促使对方去做出特定的行为等。

参考文献

陈振宇、杜克华(2015)意外范畴:关于感叹、疑问、否定之间的语用迁移的研究,《当代修辞学》第 5 期。

邓 波(2020)助动词"应该"道义情态和认识情态的功能差异,《国际汉语文化研究》第 0 期。

方 梅(2017)负面评价表达的规约化,《中国语文》第 2 期。

傅惠钧、陈艳丽(2007)略论隐性否定祈使句,《汉语学习》第 3 期。

[日]古川裕(2008)"我不想 VP"和"我不要 VP"——论第一人称主语句的否定意愿表现,《第九届国际

汉语教学研讨会论文集》,579—586页,高等教育出版社。

郭继懋(1997)反问句的语义语用特点,《中国语文》第2期。

郭昭军、尹美子(2008)助动词"要"的模态多义性及其制约因素,《汉语学习》第2期。

胡德明(2010)情态动词与反问句关联的理据,《第四届现代汉语虚词研究与对外汉语教学学术研讨会论文集》,218—224页。

李先银、洪秋梅(2017)时间—行为的情理关联与"大X的"的话语模式——基于互动交际的视角,《语言教学与研究》第6期。

李宇凤(2010)从语用回应视角看反问否定,《语言科学》第5期。

刘 彬、袁毓林(2017)反问句否定意义的形成与识解机制,《语文研究》第4期。

刘 彬、袁毓林(2020)疑问与感叹的相关性及其转化机制,《世界汉语教学》第1期。

吕叔湘(1999)《现代汉语八百词(增订本)》,商务印书馆。

马洁颖(2016)"我+不要+你+VP"格式中情态助动词"不要"的语义分析,《现代语文(语言研究版)》第12期。

沈家煊(2001)语言的"主观性"和"主观化",《外语教学与研究》第4期。

张伯江(1996)否定的强化,《汉语学习》第1期。

张文贤、乐 耀(2018)汉语反问句在会话交际中的信息调节功能分析,《语言科学》第2期。

作者简介

王婧,四川大学文学与新闻学院汉语国际教育硕士,研究方向:国际汉语教学、现代汉语。Email:478738530@qq.com。

自然会话中汉语"你像"类结构的话语功能及其成因再探

陆方喆

华中师范大学文学院/湖北语言文化国际传播研究院

提　要　文章基于大规模真实语料库,发现"你像"类结构主要用于对话语体和表明式言语行为,在会话中具有唤起注意、彰显权势和立场共建三大功能。这与第二人称代词"你"密不可分,"你"在"你像"类结构中语义虚化,主要用于听话人角色指称而非具体的个体指称,意在唤起交际对象的注意。同时,由于经常使用"你"的一方往往具有更高权威,"你像"类结构有助于说话人凸显认识权威,更有利于取得阐明观点或开启话题的言后效果,从而使听话人与其建立共同立场。

关键词　"你像"类结构　人际关系　立场　成因

一　引言

"你像"类结构是指现代汉语中由第二人称代词"你"加动词构成的,表示列举、标记话题等意义的一类语言单位,包括"你像""你比如(说)""你包括"等结构。关于这类结构的话语功能,学界已有一些研究,如乐耀(2010)指出,"你像"在言谈中主要用作举例标记、话语标记和话题标记。"你"在交际中指称交际受话角色一方、具有提请受话人关注后续言谈的作用和不对建构话语的命题意义做贡献等语用特点。邓瑶(2011)认为,"你比如说"主要具有组织话语和交际互动双重功能,语篇组织功能主要由"比如说"来实现,而交际互动功能主要由"你"来承担。除此之外,李秉震(2010)、王琳(2016)、姚双云、田蜜(2022)等对"像＋NP"的话语功能进行了分析。我们认为,上述研究对我们认识"你像"类结构的功能均有启发,但还存在以下问题:

(1)未能概括出"你像"类结构特有的话语功能。乐耀(2010)认为"你像"有举例标

---

* 本文是国家社科基金青年项目"汉语语体类型与体标记的选择和制约关系研究"(20CYY033)阶段性成果。

记、话语标记和话题标记功能,从他提供的语料来看,删去"你",句子依然成立。① 单独的"像"同样具有举例标记、话语标记和话题标记功能。邓瑶(2011)也存在同样的问题。

(2)对人称代词"你"在"你像"类结构中的作用分析还不够全面。乐耀(2010)和邓瑶(2011)均认为"你"具有提请说话人注意的功能。如果"你"仅具有提请注意功能,难以解释为何"你像"类结构少见于儿童语言以及低地位者与高地位者的对话。

我们认为,探讨"你像"类结构的功能需要从两个方面入手,一是厘清"你像"类结构的会话互动特点,即在什么情况下会出现这类结构;二是说明"你像"类结构的功能与成因,即在互动交际中,说话人使用这类结构可以实现什么话语功能以及为什么具有该功能。下文将详细加以论证。

二 "你像"类结构会话互动特点

2.1 "你像"类结构的对话性

"你像"类结构主要出现在对话性语体中,我们在北京语言大学 BCC 语料库、中国传媒大学媒体语言语料库中进行了检索,结果如下:

表 1 "你像"类结构出现的语体

"你像"类结构	报刊(例)	广播、电视(例)	播报(例)	多人谈(例)
你像	0	2,446	66	1,255
你比如(说)	0	4,947	65	2,811
你包括	0	167	0	74
合计	0	7,560	131	4,140

上表中的报刊语料来自 BCC 语料库,收集的是《人民日报》(1946—2018)和《人民日报(海外版)》(2000—2018)的内容,共计 1423,416,011 字,"你像"类结构无一例出现。广播、电视语料来自中国传媒大学媒体语言语料库,该库含有 2008—2013 年的广播、电视节目 34,039 个转写文本,总汉字数为 200,071,896 字次。相比于报刊的书面语言,该语料库搜集的是口头语言(有声语言)的书面转写形式。媒体语料库可以根据语体形式进行检索范围的删选,具体包括播报、二人谈、三人谈、多人谈、讲解等不同形式,本文选择播报和多人谈作为对比。

从检索结果可以看出,"你像"类结构大量出现在广播、电视节目中,并且在对谈节目中出现的频次远高于独白播报形式,如:

(1) 主持人:实际上我身边也有很多朋友,……所以这个难题到底怎么解决?

陈　坚:以前有一种说法,……【你像】去年我们的旅游,去年是历史新高,但是有一个问题,我后面机场也不敢飞了,专列也不敢发了,住的问题,住不下了。(中央电视台\《对话》\2010—03—21)②

(2) 叶海林:技术上不占优势。

宋晓军:对,……当年【你比如说】拉登,拉登二、三十个孩。小布什才俩女儿。

窦文涛:为了恐怖事业后继有人得多生啊。(凤凰卫视\《锵锵三人行》\2009—01—07)

(3) 张　成:从这次的世锦赛当中,您感觉到,也预测一下,接下来的世锦赛,我们会在哪些点上可能会非常有竞争力?

习凯强:从我们国家运动员的整个水平看起来,我们的这些传统项目还是有人才的,【你包括】我们的高栏,110米栏,除刘翔以外,下边还有两三个,都接近这个水平,进入决赛的水平。(北京人民广播电台\《时事对白》\2009—08—28)

以上均为出现在对谈节目中的"你像"类结构,进一步观察播报节目中出现的例子,发现"你像"类结构也是在采访中出现的。如:

(4) 为节约成本,石家庄今年调整了绿化理念,冷季型草坪等一批名贵花草隐退下岗,三四十种野花野草登上城市绿化的"大雅之堂"。

石家庄市园林局局长李英波:【你比如说】草坪,一平米草坪(造价)大约在25—30左右,……就可以节约大量的资金。(中央电视台\新闻联播\2008—06—27)

(5) 有调查显示,……海南春季房地产展示交易会上的数据就印证了这一点。

海口市民:【你像】这个楼盘前不久才5千多,现在已经1万多了,再看看。

(中央电视台\《新闻20分》\2010—05—08)

以上两例中第一段为新闻播音员的播报,第二段则是镜头切换至记者的采访画面,"你像"类结构出于受访人之口。由此可见,"你像"类结构只出现于有听说双方的对话语体中,在没有特定听话人的语体(如报刊、新闻报道)中不出现。

2.2 "你像"类结构的言语行为类型

上一节我们指出,"你像"类结构只能用于会话语体,而自然会话中包含多种言语行为,如警告、请求、劝告、邀请、承诺、道歉等。那么"你像"类结构主要用于什么言语行为呢？奥斯汀(2013:138—139)把言语行为分为五类,即(a)裁决式,如宣告、估计、评价;(b)运用式,如任命、建议、警告;(c)承诺式,如答应、宣誓、保证;(d)表态式,如道歉、祝贺、表扬;(e)表明式,如阐释、报告、说起。经考察,"你像"类结构主要用于表明式言语行为,包括阐释说话人的观点或说起一个话题。比如:

(6)招聘企业:<u>工资都提高了</u>,【你比如】现在来的话,试用期的话都达到1700,1800了。(中央电视台\《新闻30分》\2008—02—18)

(7)杨　娟:说什么了?

窦文涛:就是说,……<u>我们还是社会主义初级阶段,我就觉得咱们外交部发言人说的很好</u>,【你包括】在思想意识上,传统观念上,我跟你说,你都是个初级阶段的国家。(凤凰卫视\《锵锵三人行》\2011—02—18)

(8)许子东:可是今天的人,他们长大了以后,他们记得什么《英雄》《无极》。

窦文涛:<u>真是到血液里</u>,【你像】我爸炒菜,炒回锅肉,你听他哼什么,"没有共产党就没有新中国",唱这路子,这真是渗透到血液了。(凤凰卫视\《锵锵三人行》\2009—10—01)

(9)深圳卫视《22度观察》:……因为一定程度上,我们可以控制天气。所以就是有这样一种说法,说阅兵不光是展示军事实力。关键是国家综合实力的一个反映包括科技实力等等。

徐光裕:【你像】我们这次奥运会就很好。奥运会的天气控制多好,如果当初1956年有这种水平,有这种能力,那也不会出现这样的情况。(深圳电视台\《22度观察》\2009—08—14)

(10)陈　业:就说这一个上面你给我半两铜,这就可以行了,你愿意自己造,你也造半两铜,我也认账,照收。

窦文涛:但是【你比如说】银子,银本位它要是国家突然发现了一个大银矿,这会不会带来什么改变,什么什么?(凤凰卫视\《锵锵三人行》\2009—01—15)

(11)林　霞:咱们主要是有人体秤,每天来的人特别多,有时候排大队,有打气筒,因为咱们现在提倡绿色奥运,……如果说外国的朋友到这儿来,累了,咱们可以给您沏一碗大碗茶,让您尝尝中国的茶。

张　锋:【你包括】这次512发生地震之后,我之前也采访过咱们北京去的志愿者,他们在发生地震之后,5月13号在QQ找到了北京志愿者的群,他加入了那个群之后,他说我想从事志愿服务,你们这儿有什么活动吗?(北京人民广播电台\《城市零距离》\2008—07—28)

前三例"你像"类结构都属于阐释言语行为,通过举例来说明前面画线部分说话人的观点,后三例则是说起言语行为,即引入后面画线部分所代表的一个新话题,如例(10)陈业在讲造铜币,窦文涛抢过话轮,用"你比如说"引入关于银子的新话题。从句法位置上看,阐释言语行为的"你像"类结构大多位于两个小句中间,连接前后话语。说起言语行为的"你像"类结构往往位于句首,引出话题并进一步阐明说话人的观点或立场,由此推进话语。

三 "你像"类结构的话语功能与成因

前文分析了"你像"类结构的会话互动特点,可总结为[＋对话语体、＋表明式言语行为],接下来需要说明该类结构具有什么话语功能,其成因是什么。我们认为"你像"类结构在会话中主要具有唤起注意、凸显认识权威和立场共建三大功能。

3.1 唤起注意功能及其成因

前文指出,"你像"类结构只出现于有听说双方的对话语体中。与之形成对比的是,"像""比如(说)""包括"等没有代词"你"的结构既可以用在对话语体,也可以出现在没有明确听话人的叙事或说明语体中,我们在BCC的报刊语料中搜到大量例句,此处仅举几例如下:

(12) 它是按照西方成熟的成功的市场经济理念来制定的,具有超前的市场经济意识。

【比如,】公司的经营范围一般在公司章程中做了限定,但在中关村只要法律法规不禁止的、不需要政府审批的业务都可以经营。(《人民日报(海外版)》\2005－09－30)

(13) 温家宝总理……列举了一些问题,【包括】农村收入增长缓慢,导致沿海地区和内地之间贫富差距日益拉大。(《人民日报(海外版)》\2004－03－10)

(14) 电视机也与时俱进,增加了很多新功能、新款式,【像】100个频道的电视,画中画,超平、纯平等等。(《人民日报》\2002－10－24)

我们认为,两种结构的这一语体差异与"你"的唤起注意功能有关。许多学者注意到,"你"除了直指第二人称之外,还有许多其他用法。郭风岚(2008)归纳了"你"的实指、虚指、话语标记三种用法;刘礼进、熊绍丽(2012)总结了包含说话人的泛指、包含第三人的泛指、一般性泛指或任指、虚指等用法;张磊(2014)分为原指、移指、游动称代、话语标记四大用法。与本文"你像"类结构相关的用法在郭风岚(2008)、乐耀(2010)和张磊(2014)中被归为话语标记用法,在刘礼进、熊绍丽(2012)中则被认为是虚指用法。我们同意"你像"类结构中的"你"已经虚化,因为在语义上无实在指称对象,既不是指"我",也不是指"你",更不是指第三人,"你"和"像""比如""包括"等动词之间也不存在主谓关系。这里的"你"更像一个呼语成分,唤起听者对论断内容的注意,同时标明言者对其所述的强调。(Biq,1991)无论是"你像"类结构用于举例说明还是说起新的话题,其后接成分都是说话人强调并希望听话人加以注意的内容。刘礼进、熊绍丽(2012)也指出,虚指的"你"在对话里只起提示作用。这种"你"可能增加对话题对象的提示强度,但省而不用,丝毫不影响"像、比如(说)"等词语对话题的引介。乐耀(2010)也认为,"你像"中的"你"用于角色指称而非具体的个体指称。也就是说,"你"不是指向具体的某个听话者,而是指向作为交际一方的听话者角色,因此即使面对两个以上的听众,说话人也不会使用"你们像"或"你们比如"[参看例(2),听众至少包括叶海林和窦文涛两人]。与"像""比如""包括"等结构相比,由于多了第二人称代词"你",凸显出听话者这一角色,实际上表达了说话人对听话人角色的关注,体现出说话人意图唤起听话人注意的交际努力。这也就是为什么"你像"类结构只能出现于对话语体(必须有听话人在场)的原因。

3.2 凸显认识权威功能及其成因

言语交际中,人称代词作为一种重要的语用语言策略,经常用来建构说话人或作者的身份。(任育新,2016)本研究发现,使用"你像"类结构的说话人在身份上有一个共同的特点,即权威不低于听话人,如:

(15)马未都:第二,刀剑都有一个致命的缺陷是尺没有的,尺不需要出鞘,它需要出鞘,你就争取它出鞘时间。

窦文涛:对。

马未都:这个很重要吧?

窦文涛:对。

马未都:【你比如说】,文涛拿着这个剑,这剑当然理论上是有套的。

窦文涛:对,装在套里。

……

窦文涛:它在中国文学里剑就是最重要的。

马未都:剑胆琴心啊,【你比如】诗歌里也是,李白的诗,拔剑四顾心茫然,它漂亮。(凤凰卫视《锵锵三人行》\2009-02-07)

(16)宋　扬:亲爱的各位听众朋友,大家中午好,这里是《城市零距离》服务版在向您直播,我是宋扬。

老　郭:我是老郭。

宋　扬:今天我们请到的嘉宾是来自北京市考试院中招办的王主任,王主任您好。

王主任：你好。

……

老　郭：看看汽车维修的有没有奔驰、宝马，让我们拆。

王主任：有，确实有。

老　郭：真有啊？

王主任：【你像】交通学校，它的很多专业的设施非常不错的。（北京人民广播电台\《城市零距离》\2008—05—06）

(17) 罗　兵：听出来了，您家的金鱼实际上是作为友好的使者。

徐建民：对，它取意是鹿鹤同春，吉庆有余。【你包括】民国时期，蒋介石在后园寺胡同，有一个临时的行院，类似于总统府一样，因为蒋介石和李宗仁经常在那里举行谈话什么的。那会儿我爸还小，我爷爷带着我爸就在蒋介石的总统府里头帮他给金鱼换水，我们养的金鱼也特别好。（北京人民广播电台\《行家》\2008—10—15）

例(15)摘自凤凰卫视《锵锵三人行》节目，该节目主持人为窦文涛，每期根据谈话主题邀请两三位嘉宾进行对谈，本期谈的是"冷兵器时代的刀光剑影"，邀请了文物专家马未都和明星孟广美对谈。在节目中，马未都称呼窦文涛为"文涛"，这本身就是高权威的体现，在讲解观点时（如"这个很重要""剑胆琴心"），马未都多次使用"你比如（说）"结构举例说明。例(16)摘自北京人民广播电台的《城市零距离》栏目，主持人是宋扬和老郭，本期谈的是教育考试方面的话题，对话嘉宾为北京市考试院中招办的王主任。在节目一开始，主持人就尊称王主任为您，而王主任只是以"你"回应，体现了双方权威的不平等，此后，主持人老郭问汽修学校有没有奔驰、宝马让学生拆，王主任肯定地答复说"有"，并用"你像"举例说明交通学校很多专业的设施非常不错。例(17)摘自北京人民广播电台《行家》栏目，主持人为罗兵，访谈嘉宾为金鱼徐第十代传人徐建民，主持人同样以"您"尊称徐建民，后者用"你包括"解释金鱼徐的寓意和历史。

除了嘉宾和访谈对象，主持人也大量使用"你像"类结构，比如：

(18) 宋　扬：见义勇为，其中刚才马处说的这四条，我想真正做过见义勇为这些英雄事迹的人们，他们在做这些事的时候，当时肯定没有想这件事算不算见义勇为的事，对吧？因为他们做的时候，可能直接什么都没想。

马五一：对。

宋　扬：【你包括】在水里救小孩，包括重大案件的这一些，可能当时直接就

冲上去了。(北京人民广播电台\《城市零距离》\2008-05-08)

(19) 许子东：残疾币可值钱了。

窦文涛：【你像】我刚才就问他，我说他们这个钱币收藏家们，就认为最难得的是什么？他说是美国发行的一枚金币。(凤凰卫视\《锵锵三人行》\2009-01-15)

(20) 平兆顶：平台上跑过。

主持人：你比如现在这个地方就是你们家里平台，你给我表演一下我看看。(中央电视台\《乡约》\2012-07-03)

无论是主持人还是访谈嘉宾，在使用"你像"类结构时均体现了其权威。这种权威主要表现为一种认识上的优越性，即用"你像"类结构的一方在认识坡度上高于另一方，处于K＋地位。K＋与K－是Heritage(2012)提出的概念，前者指更多知识(more knowledge)，后者指更少知识(less knowledge)，它们处于认识坡度的不同位置。当说话人A比B知道的信息更多时，A就是信息的权威。主持人的认识权威来自对主持流程和技巧的熟悉，表现在言语行为上，主要是用"你像"类结构开启话题，控制谈话的走向；而访谈嘉宾的认识权威则源于其个人的能力和知识，因此多用"你像"类结构举例说明或阐释观点。事实上，受访者也正因为在某个领域的丰富知识而成为访谈对象。

为什么"你像"类结构有凸显认识权威，而同样有举例功能的"像NP"类没有呢？姚双云、田蜜(2022)指出，"像＋NP"格式在会话中分别具备消减认识级差、调控认识权限和凸显认识独立等互动功能。我们认为主要与"你"有关。心理语言学家詹姆斯·彭尼贝克(2018:188)指出，在任何两个人的互动中，高地位的人更少使用"我"，更常使用第一人称复数("我们")和第二人称代词("你"和"你们")，低地位的人使用"我"的频率更高。他认为，地位低的人往往关注自身，而处于支配地位的人在讲话时往往关注他们的听众，使用"你"就如同说话时用手指着另外一个人。由于"你"与地位高相关，出于礼貌原则，说话人一般倾向避免使用"你"来称呼尊长。中国旧社会的习惯，社会地位较低的对于社会地位较高的，如卑幼对尊长，仆人对主人，平民对官长，穷人对阔人，是不能用普通第一身、第二身指称词的。其中称"你"尤为严重，对不该称"你"的人称"你"是无礼貌，甚至是一种侮辱(吕叔湘2014:221；吕叔湘2017:38)。王力(2011:201)也指出，最恭敬的会话里不用人称代词，若要对对话人特别表示敬意，就不自称"我"，也不称对话人为"你"或"你们"，若当面称尊长为"你"，就会被人认为没礼貌。凡该用人称代词的地方，最好用一种身份的名称来替代，如：

(21) 老太太这话，儿子如何当的起？

(22)姐姐如何不解这意思？（两例引自王力，2011）

类似的情况在日语中也有体现，王鸣（2003）指出，在日本社会，能直接使用第二人称代词称呼对方的，只有夫妻之间、关系十分亲密的朋友或是上对下的场合。反之，对所有应该表示尊敬的人，包括长辈、上司乃至自己的哥哥姐姐以及关系不密切的人，日本人一般都不用第二人称代词，而是用对方的亲属名称、职业、职务等来替代，如学生对老师不说"你的孩子多大了？"，而应该说"老师的孩子多大了？"据我们了解，日语也没有可以与"你像"类结构直接对应的翻译。可见，"高地位"的"你"进一步凸显了使用者的认识权威地位。

在掌握知识信息较少、尚没有认识权威地位的儿童身上，我们就没观察到"你像"类结构的使用。在国际儿童语言语料库 TalkBank[③] 的汉语儿童语料中我们检索到 72 个月大的儿童已经会使用"比如"，但没有检索到 1 例"你比如"或"你像"。以下是 TalkBank 语料库中检索到的 72 个月大和 94 个月大的儿童使用"比如"的例子：

(23) *CHI(72 个月)：然后大部分皮球拍在外面都是会滚的．
　　　*ADU：嗯．
　　　*CHI：比如也会然后呢中间一格一格的都有一条线．
(24) *CHI(94 个月)：+ˆ我＜看到蟑＞[/]看到蟑螂都会很害怕．
　　　*CHI：比如说他那个桌子下有前面，蟑螂这样爬过去．
　　　*CHI：我脚还会伸上那个沙发上面．
　　　*EXP：真的喔．

72 个月和 94 个月大的儿童已经会使用"比如"来阐释或说明自己的观点，但还不会用"你像"，因为"你像"伴随着对自己认识权威地位的确认，传递给对方"我在这方面懂得比你多"的含义。这也可以解释为什么"您像""您比如（说）""您包括"这样使用第二人称尊称形式的结构，在实际语料中出现得非常少（在媒体语言语料库中，"您包括"仅 1 例，"您像"20 例，"您比如"90 例）。我们分析，其使用也可能是出于礼貌原则，用"您"稀释"你像"类结构的高权威性，从而顾及听话人的面子。

3.3 立场共建功能及其成因

人称代词不仅表示指代，也是一种"单独使用就可以表达立场的手段来源"（方梅、乐耀 2017:40）。闫亚平（2018）指出，人称代词与所指代对象之间具有极大的不定性，这使其成为一种显著而有效的立场建构的互动手段。所谓立场，按照 Du Bois(2007)的观点，是社会行为者以对话的方式，通过外在的交际手段发出的公开行为，这种公开行为在社会文化领域中对客体进行评价，对主体进行定位，并与其他主体建立对应联系。立场表达是一个言语互动过程,互动参与者利用各种语言手段(语音、形态、词法、句法等)在互动的过程中表达立场。Du Bois 进而提出评价、定位和一致的立场三角分析框架。

我们认为,"你像"类结构具有立场共建功能。Rauniomaa(2008)用"立场共建"来表示在话语序列的发展中,听话者是否沿着说话者所倡导的轨迹行进。Haddington(2007)分析了新闻采访中的对话,将"立场共建"视为立场表达中的"一致"(alignment)行为,它与"共同注意力"有密切联系。陈振宇、叶婧婷(2014)把 alignment 翻译为"同盟",并认为同盟关系是指会话中多个参与者是否共同分享某一对象,是否对它有相同的意见、评价、情感和态度等。若是,则为正同盟关系;若不是,则为负同盟关系。

根据前文分析,"你像"类结构通过呼语"你"唤起听话者的共同注意,说话者使用该结构主要行使两类言语行为,即阐释说话人的观点或说起一个话题,前者的言后之效就是为了说服听话人,达到使听话人对客体的评价与说话人一致的效果,后者则是意图通过控制话题的转向和推进,使听话人沿着说话人倡导的轨迹行进。如:

(25)窦文涛:但是也有人担心,说是现在你在说中国文化实际有人说了一句话,叫什么水泥地上长草,就是您都在使用中国文化、中国传统,可是请问这个文化和传统还有吗?

王　蒙:当然有,那没有那么悲哀。

窦文涛:【你比如说】现在的很多年轻人,他脑子里还有点儿,到底什么叫中国文化,在他身上的痕迹是什么呢?

王　蒙:慢慢来。

窦文涛:慢慢来。

王　蒙:现在的年轻人呢,他也不会没有,为什么呢?因为现在的孩子,从上幼儿园,幼儿园老师肯定会教给他的就是"床前明月光,疑是地上霜",是不是?(凤凰卫视\《锵锵三人行》\2009－01－12)

(26)许子东:他这个知名度就是权力,英超那些明星,那些女孩,【你像】美国 NBA 那些明星,对不对。女孩都追着后面要跟他什么。

窦文涛:没错。(凤凰卫视\《锵锵三人行》\2009－02－26)

(27)李　艾:她其实有的时候,我总觉得她想要表达些什么。【你包括】她穿鲜肉在身上。LadyGaGa 其实大部分是在做讽刺,她不是说在宣扬说你们要爱护什么,那种高尚,不是。她在做讽刺。包括她很多的 MV,你也会觉得她其实在强烈的讽刺现在的很多事情。

何　平:新叛逆主义者。

李　艾:对。(凤凰卫视\《锵锵三人行》\2011－01－06)

例(25)主持人窦文涛说"你比如说"之前,与王蒙聊的是泛泛的中国文化有无的问题,没有指涉具体人群。窦文涛接着用"你比如说"引入关于年轻人的话题,引导王蒙谈论年轻人有没有中国传统文化。在许多电视、广播节目中,我们都可以看到主持人用"你像"类结构控制谈话的走向,使谈话按照既定方向进行。例(26)许子东提出"知名度就是权力"的观点,进而用"你像"举美国NBA明星的例子加以说明。按照立场三角的分析框架,许子东(主体1)对明星(客体)的评价是"知名度就是权力",许子东通过"你像"阐释言语行为希望取得说服窦文涛(主体2)的言后之效,从而使窦文涛(主体2)对于明星(客体)的评价与自己保持一致。窦文涛用"没错"加以回应,从而与许子东建立了共同的立场,形成同盟关系。例(27)也可以作同样的分析,不再赘述。

前文分析指出,"你像"类结构具有彰显权势的功能,因此在试图说服对方或控制谈话走向时,相比于用没有"你"的"像""比如"或"包括",说话人使用"你像"类结构更能彰显自己的权势地位,使听话人更容易被控制(说服也是一种控制)。

四 余论

本文基于大规模真实语料库的考察,发现"你像"类结构主要用于对话语体和表明式言语行为,在会话中具有唤起注意、凸显认识权威和立场共建三大功能。其会话行为特点可以概括为:在对话语体中,说话人意图施行举例说明或谈起新话题的言语行为,并且说话人的认识权威不低于听话人时,说话人就可以用"你像""你比如(说)""你包括"等语言结构。上述特点及功能与第二人称代词"你"密不可分,"你"在"你像"类结构中语义高度虚化,主要用于听话人角色指称而非具体的个体指称,意在唤起交际对象的注意。同时,由于经常使用"你"的一方往往具有更高的权威地位,"你像"类结构有助于凸显说话人的认识地位和强自信,更有利于说话人取得阐明观点或开启话题的言后取效(以言成事,perlocutionary act),从而使听话人与其建立共同立场。

其实,在现代汉语中许多"你+动词"类结构如"你+看、听、说、想、知道""你看(瞧)你""你说你"的功能都与"你"的唤起注意和凸显认识权威功能有关。潘先军(2016)注意到,"不是我说(吹、表扬)你""(你)看(瞧)你""你呀你"等引导的指向听者的话语内容上表现出一个非常重要的共性,那就是言者对听者的某种评价,而且多是负向的评价,即说话人责备或批评听者(也有一部分是正向评价,如"不是我表扬/夸你")。文中对此解释是第二人称标记通过移情实现使"意义变得更强烈地聚焦于受话人"。如果从"你"的高权威性出发,似乎能得到更好的解释,即处于高权威地位的一方更容易当面批评/表扬低权威者,因此老师可以对学生说"不是我夸你""不是我说你",而学生则基本不会对老师说类似的话。

注　释

① 乐文的例子：
  (1) 刚才王校长讲的，美国这样一些例子是挺多的，比如[你像]我们经常说的斯坦福。（举例标记）
  (2) [你像]我这种态度本来应该早枪毙的，为什么把我拖到现在才枪毙，实在让他想不通。（话语标记）
  (3) [你像]羚羊的话，它一般是急转弯，不停地急转弯。（话题标记）
② 本文引自语料库的例句，完全遵照原文摘抄，文字、标点符号若有不当之处，不作修改。
③ 网址为 https://talkbank.org。

参考文献

[英]奥斯汀，J. L.(2013)《如何以言行事》，商务印书馆。
陈振宇、叶婧婷(2014)从"领属"到"立场"——汉语中以人称代词为所有者的直接组合结构，《语言科学》第2期。
邓　瑶(2011)谈话语体中"你比如说"的话语功能探析，《云南师范大学学报(对外汉语教学与研究版)》第4期。
方　梅、乐　耀(2017)《规约化与立场表达》，北京大学出版社。
郭风岚(2008)当代北京口语第二人称代词的用法与功能，《语言教学与研究》第3期。
李秉震(2010)"像"的语法化和主观化，《渤海大学学报(哲学社会科学版)》第4期。
刘礼进、熊绍丽(2012)汉语访谈话语中"你"的非听话人所指用法，《汉语学习》第5期。
吕叔湘(2014)《中国文法要略》，商务印书馆。
吕叔湘(2017)《近代汉语指代词》，商务印书馆。
潘先军(2016)第二人称话语标记及话语标记教学，《汉语应用语言学研究》第0期。
任育新(2015)学术互动中权势关系建构的语用分析，《现代外语》第2期。
任育新(2016)学术会话中人称代词身份建构功能研究，《外语研究》第2期。
王　力(2011)《中国现代语法》，商务印书馆。
王　琳(2016)现代汉语中的列举系统及形式标记，《汉语学习》第4期。
王　鸣(2003)日本社会与日语第二人称代词，《浙江大学学报(人文社会科学版)》第4期。
闫亚平(2018)人称代词的立场建构功能及其"立场化"走向，《世界汉语教学》第4期。
姚双云、田　蜜(2022)从位置敏感看社会行为格式"像＋NP"在会话中的认识调节功能，《世界汉语教学》第3期。
乐　耀(2010)北京话中"你像"的话语功能及相关问题探析，《中国语文》第2期。
[美]詹姆斯·彭尼贝克(2018)《语言风格的秘密：语言如何透露人们的性格、情感和社交关系》，机械工

业出版社。

张　磊(2014)口语中"你"的移指用法及其话语功能的浮现,《世界汉语教学》第1期。

Biq, Yung-O (1991) The multiple uses of the second person singular pronoun *ni* in conversational Mandarin. *Journal of Pragmatics*, 16.

Du Bois, J. W. (2007) The stance triangle. In R. Englebretson (ed.). *Stancetaking in Discourse: Subjectivity, Evaluation, Interaction*. Amsterdam/Philadelphia: John Benjamins Publishing Company, 139—182.

Haddington, P. (2007) Positioning and alignment as activities of stancetaking in news interviews. In R. Englebretson(ed.). *Stancetaking in Discourse: Subjectivity, Evaluation, Interaction*. Amsterdam/Philadelphia: John Benjamins Publishing Company, 283—317.

Heritage, J. (2012) Epistemics in action: Action formation and territories of knowledge. *Research on Language and Social Interaction*, 45(1).

Rauniomaa, M. (2008) *Recovery through Repetition: Returning to Prior Talk and Taking a Stance in American-English and Finnish Conversations*. Oulu: Oulu University Press.

作者简介

陆方喆,华中师范大学文学院副教授,湖北语言文化国学传播研究院研究员,主要研究方向为汉语语法和国际中文教育。Email:wubeilfz@aliyun.com。

自然口语多人对话中的疑问式回应

宿潇予　李先银

北京语言大学语言科学院

提　要　本文基于互动语言学的理念和方法分析汉语自然口语多人对话中疑问式回应的位置特征、互动功能和使用动因。研究发现，疑问式回应通常位于序列中第二位置，具有他发修正、求取信息、提出质疑、提供建议、填充空白、重启话题六种互动功能。会话交际中存在互动困难和交际者间认识状态的不平衡，是影响答者使用疑问式回应的重要因素。

关键词　疑问式回应　自然口语对话　互动困难　互动语言学

一　引言

1.1　问题的提出

当说话人认为自己的认识地位比听话人低时，他们会使用疑问的方式来寻求信息（Heritage 2012）。一般来说，对疑问的回应应该是一个表达确定信息的陈述句。但是在自然口语会话中，有时我们会发现用疑问形式来回应疑问的现象。例如：

(1)［教二还在修］
01 → 小紫：你去过教二吗。
02 → 小陈：不是(.)还在修吗？
03 　　小紫：下学期开课，好多课表现在都在教二上。
04 　　小陈：啊：

例(1)中小陈用一个疑问句的形式来回应小紫的问题，这类回应形式就是我们要探讨的疑问式回应。会话分析的学者认为其中一类疑问式回应为他发修正。沈家煊（1989）借鉴会话分析的方法，分析汉语中"不加说明的话题"，将问答的对话形式分为"序列式"和"内包式"，其中"内包式"就是答者在回应话轮中提出新问题的一种问答形式。侯国金（2006）将"以问答问"的问题叫作"始问"，相应的回应叫作"答问"，指出"答问"具有探询始问的前提、含义、联想意义和蕴含的功能。谢心阳（2018b）在观察汉语自然口语时,将疑问式回应分为他发修正和一般疑问式回应两类,并讨论了这两类疑问式回应的互动功能,他发修正是对互对中因接受或理解造成的互动困难提出问题,一般疑问式是为了更好地回答问题对上一问句提出疑问。

前人的分析给我们提供了很好的参考,我们通过对汉语自然口语语料的观察,发现在自然对话中疑问式回应的功能较前人的研究更加丰富。例(1)中,小陈没有对小紫的问题的前提、含义、联想意义及蕴含进行提问,也不是对小紫的言语内容在理解或接受上存在困难而提问,更不是为了进一步获取信息而使用疑问形式进行回应。因此,本文想要在前人研究的基础上进一步探讨自然口语中疑问式回应的功能以及答者使用疑问式回应的动因。

鉴于此,本文主要采用互动语言学和会话分析的理论(Couper-Kuhlen & Selting 2018;方梅等 2018),通过对自然口语语料的近观,探寻疑问式回应形式在交流互动中的功能,并尝试解释疑问式回应的使用动因,从而深化对疑问式回应的认识。

1.2 语料来源

本文的语料来源是自己录制的日常自然口语会话的录音或视频,均为三人或三人以上的群体对话,涵盖朋友闲谈、问题探讨、做饭、打牌等多种会话场景和类型,时长共计 3 小时 13 分钟,从中筛选出 48 例疑问式回应。

二 疑问式回应的位置特征

我们在分析口语语料中的疑问式回应时发现,疑问式回应在会话序列中的位置分布具有规律性,在话轮中的位置分布具有灵活性。我们从疑问式回应的序列位置和话轮位置两个方面对其位置特征进行探究。

2.1 疑问式回应的序列位置

观察语料发现,疑问式回应通常是说话人和听话人交际过程中产出的位于第二位置的回应行为,是对第一位置内容的回应。如:

(2)[有没有辣椒]

01 → 白:有没有辣椒啊。

02 → 灰:辣椒?

03   白:红辣椒那种。

04   灰:哎,我家不使这东西。

05   白:算了,不要了。我想爆个辣的。

在例(2)中,白和灰等人在灰的家里聚餐,白在做饭的过程中,作为发话人向灰提出询问"有没有辣椒啊",灰作为受话人,在第二位置以疑问语调的"辣椒?"对白的询问进行回应。白在下一话轮对灰的疑问进行回应,明确了辣椒的种类后,灰才在04行对白的询问给出否定性的回应。

疑问式回应往往紧跟在位于第一位置的始发语之后,但在我们收集到的语料中,也发现了始发语与疑问式回应被其他话轮隔开的情况。这种情况比较少见,仅有6例。如:

(3)[这个锅能做吗]

  01 蓝:真的就一个锅吗?咱家?(3.0)那不是锅吗?上面。

  02 灰:这个锅能做吗?

  03 蓝:能。=

  04 灰:=这是炒锅。

  05 → 蓝:煎锅。你看这个锅能做吗?

  06 灰:这是炒锅啊。

  07 → 白:哪个啊?

  08 灰:[这个。]

  09 蓝:[上面。]

  10 白:那也得用电磁炉呀。

  11 灰:对呀。

  12 蓝:哦,脑子锈逗了。

例(3)和例(2)出自同一场景,蓝使用反问的形式提出,家中并非只有一口锅可以做菜,放在上面的锅也可以煎东西,灰对这口锅功能的认识与蓝不同,产生了分歧。而后蓝在05行向白进行询问,但在白回答蓝之前,灰听到蓝说"煎锅"后再次强调了这口锅的属性是炒锅,白的回应语被灰在06行产出的话轮隔开。因白此前未参与蓝、灰二人的对话,蓝问句中的"这个锅"对白来说所指并不明确,因此白使用疑问式回应"哪个啊?"来对所指进行确认,在得到灰、蓝同时的回答后,白在10行给出了回答。

2.2 疑问式回应的话轮位置

通过观察语料发现,疑问式回应除了通常在序列中处于第二位置之外,在回应话轮中的位置还有更详细的分类。结合对语料的分析,我们将疑问式回应在回应话轮中所处的具体位置的情况划分为以下几种:若一个话轮中 TCU(话轮构建单位,turn-construction units)全部由疑问式回应构成,则疑问式回应独占话轮;若疑问式回应所在话轮由多个 TCU 构成,则疑问式回应的话轮位置可以为话轮首、话轮中、话轮尾。由此,我们得到疑问式回应在话轮中的位置分布情况,如下表:

表 1 疑问式回应在话轮中的位置分布

TCU 数量	独占话轮	话轮首	话轮中	话轮尾
1 个 TCU	30			
2 个 TCU	1	2		7
3 个 TCU		2	1	2
4 个 TCU			1	1
5 个 TCU		2		

由上表可知,独占话轮的疑问式回应共 31 例,位于话轮首的共 6 例,位于话轮中的共 2 例,位于话轮尾的共 9 例。

疑问式回应独占话轮数量最多,话轮多由 1 个 TCU 构成,如例(2)和例(3),共 30 例。在语料中也存在话轮由 2 个 TCU 构成的情况,且均为对询问做出的疑问式回应,如例(4):

(4)［是做听力练习吗］

01 → 小黄: 接下来这个怎么办? 就多听多练吗?

02 → 小灰: 你们是做什么听力练习吗? 选择题吗?

03　　小白: 考试。

04　　小灰: 什么单 4 选 1 是吧? 还是像托福那种?

05　　小白: 就是默写,听写那样子。

06　　小灰: 哦,听写。Dictation 啊。

例(4)中,小黄和小白在向小灰请教英语的学习方法,小灰由于缺少对小黄问题中具体题型的信息,在 02 行分别进行提问,因此这个话轮由 2 个 TCU 构成,并且均使用了疑问的形式进行回应。这种情况非常少见,在语料中仅出现了 1 例。

出现在话轮首的疑问式回应有 6 例,如例(5):

(5)［稻香村］

01 → 小白: 稻香村? 是不是?

02 → 小灰：哦,那是北京的特产吗?不太清楚。感觉<@都全国连锁了
03 　　　　　似的@>。然后北京就是小吃啊什么的。那些你也带不走。
04 　　小黄：带不走。

这段对话是小白和小黄在向来自北京的小灰询问北京有哪些特产,小白询问小灰稻香村是不是北京特产。小灰在02行中通过叹词"哦"开启话轮,并使用疑问式回应表达了自己对稻香村是否为北京特产的不确定,接着使用"不太清楚"降低回答的确定性,减少自己在这个问题上的认识权威。谢心阳(2021b)将答者表示完全不知道的无权限回应和对回答结果不确定的回应统称为不确定性回应,认为不确定性回应是非偏爱回应,答者在给出不确定性答语之后需要做一些解释,或者提供可能解决问题的途径进行弥补。小灰在同一话轮中对自己的不确定性回应做了解释和补充,认为稻香村已经全国连锁,不能算作北京特产,并提供了一些更有代表性的小吃作为对北京特产的回应。

出现在话轮中的疑问式回应较少,只有2例,如例(6):

(6)[保号]

01 → A：咋保号啊?
02 → B：你给,你那个,你移动还是啥的?你给他打电话就行了。
03 　　A：我给他打电话我说我要注销,他说不给我注销。
04 　　B：嗯?
05 　　C：可以注销。不,那个注销是你必须—

例(6)中,A向B和C询问手机号如何保号,B因为不清楚A的手机号的运营商是哪一家,不能给出准确的回答,在回答时遇到了困难,所以使用疑问式回应进行自我修正,从而使疑问式回应出现在话轮中。

出现在话轮尾的疑问式回应有9例,如例(7):

(7)[休息的时候做什么]

01 → 小黄：那你平常休息的时候,你会干啥呢?就约朋友一起打球?
02 → 小灰：休息,假期吗?
03 　　小黄：嗯嗯。没工作的时候。
04 　　小灰：哦,周末在家一般也不运动。

例(7)中,小黄询问小灰平常休息时的活动,小灰对小黄问句中"休息"一词的意思不明确,在02行的回应中先重复了"休息",然后使用窄指将指称对象"休息"具体为"假期",因此疑问式回应出现在话轮尾的位置。

由此我们认为,在自然口语语料中,疑问式回应多由1个TCU构成话轮。当疑问式回应所在的话轮由2个TCU构成时,疑问式回应更多出现在话轮尾,而第1个TCU通常为重复上一话轮中的某个词或填充词,由疑问式回应所在TCU进行指称调节。所在话轮由3个或3个以上TCU构成的数量较少,疑问式回应的位置比较自由。

三 疑问式回应的互动功能

我们通过对语料的观察发现,疑问式回应的功能比之前的研究更加丰富。在此基础上,我们进一步分析了疑问式回应在互动中的功能,认为疑问式回应具有他发修正、求取信息、提出质疑、提供建议、填充空白、重启话题等六种互动功能。

3.1 他发修正

修正指用于处理在发话、受话和理解会话的过程中遇到的问题或困难的惯例。(Schegloff 2000)区别于由听话人发起的自我修正,他发修正一般不做出实际修正。本文要探讨的是说话人在发问时,听话人由于对说话人的言语在接受或理解上有困难而发起的修正情况。具有这类互动功能的疑问式回应共17例,例如:

(8)[是不是可以把那个讲了]

```
01 → 珊珊:欸,我是不可以把那个讲了?
02 → 小紫:哪个?"就"和"才"啊。
03    珊珊:不是。(1.1)第二篇的。
04    小紫:第二篇你要讲我要走了。
05    珊珊:呃:试讲。
06    小紫:那我我也[跟你说不上],那我也跟你讲不上。(1.1)我也
07         听不上我讲不上我就得走了,你讲完我走。然后—
08    珊珊:      [不是才七分钟嘛。]
09    珊珊:行吧。
```

例(8)中,小紫和小陈在帮助珊珊进行《国际中文教师证书》考试面试的模拟试讲。珊珊询问能否就其他教学内容再进行一次试讲,但是小紫对珊珊问句中的"那个"的所指

并不明确,因此她在 02 行对此提问并进行他发修正,对"那个"指代的内容是否是语法点"'就'和'才'"进行确认。03 行中,珊珊给出了否定性的回答"不是",并明确"那个"的所指是第二篇教学材料。小紫才在 04 行给出回答,她即将要走,试讲一篇可能时间来不及。这里小紫在 02 行进行了他发修正,打断了珊珊用问句引导的会话序列,插入扩展在 03 行完成后,小紫才能在 04 行完成之前的相邻话对。

(9)[女生为什么要手拉手]

01 → 小陈: 所以你们女生为什么<@手拉手@>?

02 → 小紫: [嗯]?

03 　 小陈: [对啊]你们女生为什么手拉手?

04 　 　 　 (1.5)

05 　 小紫: 我没有手拉手。(0.7)我们都是手挽手。

06 　 珊珊: 对啊,关系好的。

07 　 小陈: <@手挽手@>。

08 　 小紫: 嗯手挽手很舒服。

例(9)中,小紫在 02 行的回应是一个他发修正,由于她没有理解或者没有听清楚小陈的问题,小陈又在 03 行将之前的问题重复了一遍,这是对小紫没有理解或没听清问题造成的互动困难的修正。因听话人没有理解或没有听清问题而进行他发修正的疑问式回应共 8 例,其中有 5 例听话人使用"嗯?"或"啊?"进行他发修正。听话人使用"啊?"进行他发修正的语料,如例(10):

(10)[植物园拍照]

01 　 白白: 我给你看我们今天植物园的照片。

02 　 小蓝: 哎别看了,[我,我怪丑的。]

03 → 小格: 　　　　　　[谁拍?主要是谁]来拍?=

04 → 白白: =啊?=

05 　 小格: =主要是谁拍?

06 　 白白: 我们三个都拍了。

在例(10)中,白白准备给小格分享她和小蓝以及另一位朋友在植物园拍摄的照片,小蓝在 02 行对白白的提议表示拒绝,并解释了原因。小格的询问和小蓝解释原因的话语发生了交叠,这可能导致白白没有听清楚小格的询问,从而使用"啊?"进行他发修正,随后小格又将问题重复了一遍,修正了因白白没听清而在会话中造成的问题。

3.2 求取信息

Labov & Fanshel(1977)区分了 A-events 和 B-events,前者对于 A 是已知信息,对于 B 是未知信息,而后者对于 B 是已知信息,对于 A 是未知信息。Heritage(2012)提出了 K+(more knowledge)和 K−(less knowledge),它们处于认识坡度的不同位置。当答者因缺少相关信息而不能回答问者的问题时,会使用疑问式回应求取扩展信息,我们的数据中具有这类互动功能的疑问式回应共 12 例。

(11)[你运动能力怎么样]

01 → 小黄：哪种比较容易一点啊？

02 → 小灰：其实我不知道你平时运动,你运动,你平时你的运动能力怎么样？

03 　小黄：我平常的运动就是＜@散步@＞。

04 　小灰：哦。

05 　小黄：特别能散步,但是—

06 　小灰：再说吧,这不重要,明天再说。

07 　小黄：行。

例(11)中,小黄和小灰在讨论滑雪,截取的语料中省略了他们之前对单板滑雪和双板滑雪的讨论。小黄在 01 行使用特指问,询问单板滑雪和双板滑雪哪种比较容易,但是对小灰来说,这个问题设计对互动的继续有一定困难,问句本身携带的信息不足以让小灰顺利回答问题,或者说小黄和小灰的共同背景知识并没有足够到小灰可以无障碍地回答这一问题,因此小灰需要进一步求取信息,先解决这个困难,才能够回答这个问题。哪种比较容易取决于小黄的运动能力,小灰处于 K− 的状态。当小灰获取了这个信息之后,才能够顺利回答小黄的问题。小黄在 03 行给出回应,说明自己的运动能力不强,小灰基于小黄的回答,在 06 行给出回应。从问答对话方式的角度来看,小黄在 01 行提出的问题在 07 行得到回应。

观察语料发现,其中有 10 例是答者使用疑问式回应寻求问者的个人基本信息,问者具有认识权威。还有 1 例是答者使用疑问式回应询问问者的擅长领域信息,问者同样处于 K+ 的状态。例如：

(12)[单板和双板的区别]

01 　小灰：你想尝试单板还是双板？

02　　小黄：啥,我没滑过。

03　　小白：单帆?

04 →　小灰：单板还是双板?

05 →　小黄：单板和双板有啥呢?

06　　小灰：有啥区别,就是字面上的含义就是—

07　　小白：哪个比较好滑?

08　　小灰：单板就是你踩一个板下来。双板就是两个脚,一个脚踩一

09　　　　　个板下来。单板就跟滑板似的。

例(12)发生在例(11)之前,小灰询问小黄和小白想尝试哪种滑雪方式,小白在03行进行了他发修正,从而使小灰在04行重复了01行的问题。我们需要注意的是05行小黄的疑问式回应,她认为选择单板还是双板要基于对两种板型区别的了解,这个问题虽然不是针对问者小灰的个人信息进行提问,但在这个会话中,滑雪是小灰擅长的领域,小灰仍处于K+的位置。

3.3　提出质疑

当答者对问者的问题内容或疑问行为产生质疑时,他们会采取疑问式回应来提出质疑。在我们的数据中,具有这类互动功能的疑问式回应共11例。

3.3.1　对问题内容的质疑

(13)[口语考试时间]

01　　珊珊：你几号考啊。

02　　小陈：十号。

03　　珊珊：口语。

04　　　　　(1.7)

05 →　小陈：口语,欸对哦,口语是不是还要另外约时间?

06　　　　　(0.8)

07　　小紫：你没约[不会吧]。

08 →　珊珊：　　　[不是提]前吗。

09　　小陈：就是(..)它—好像是要哦我今—我要回去看一下。

10　　小紫：不是吧大哥你天哪你。

例(13)中,珊珊在 01 行询问小陈口语考试的时间,小陈回答后,珊珊在 03 行通过窄指将言谈对象进一步确定为"口语考试时间",在 1.7 秒的停顿后,小陈在 05 行使用疑问形式回应:"口语是不是还要另外约时间?"珊珊对此提出了质疑:"不是提前吗?"认为口语考试应该在笔试之前预约时间。珊珊的质疑是对问题内容"还要另外约时间?"的质疑。听话人通常采用反问句形式提出质疑。

3.3.2 对疑问行为的质疑

(14)[湖南大学]

```
01 → Z：   那个—那个博物馆和湖南大学离得远吗？
02 → H：   湖南大学现在不是进不去吗？
03    Q：   去门口看看。
04    H：   啊？
05    Q：   @@
06    Z：   @@那我不管,我去清华门口看了,<@怎么不能去湖南
           大学
07         门口看看@>？
```

例(14)中,Z、H 和 Q 在讨论去长沙的旅行计划。三人计划去博物馆,Z 在 01 行以询问博物馆和湖南大学之间距离的方式,委婉地提出了去湖南大学参观的建议。对此,H 以反问句的形式回应:"湖南大学现在不是进不去吗?"H 没有直接对 Z 问题的内容,即"那个博物馆和湖南大学离得远吗?"产生质疑,而是对 Z 的疑问行为产生质疑。H 认为,他们的共同背景信息应该都包含校外人员不能进入湖南大学的事实,那么在旅行计划中不应该考虑湖南大学这一景点,因此 H 通过疑问式回应对 Z 的疑问行为提出质疑。之后 Q 给出了一个折中的提议:"去门口看看"。从 06、07 行 Z 的回应,我们也能看出 Z 同意了 Q 的建议,并且态度坚定。

通常情况下,答者提出质疑的同时,还会对问者进行负面评价。例如:

(15)[你是杠精吗]

```
01 → 小紫：  你怎么不问是什么时候买的,这是最重要的。
02        (0.6)
03 → 小陈：  >我不都<我不都问了两个问题了<@打个比方嘛
04        你是杠精吗@>？
05    小紫：  <@@@@@@>
```

例(15)中,小陈和小紫在演示《国际中文教师证书》面试试讲时,以小紫的手表为例,语法点是"是……的"句。在截取的这段语料之前,小陈已经问了几个关于手表的问题,如"手表是在哪儿买的""是谁给你买的",之后小紫在01行提出疑问"为什么不问是什么时候买的",小陈用反问句进行回应,对小紫的疑问行为提出质疑,认为试讲活动操练提问两个问题就足够了,"什么时候买的"这个问题无须提问,质疑了问题存在的必要性。之后小陈用疑问句回应"你是杠精吗",对小紫进行了负面评价。

3.4 提供建议

答者可以通过疑问式回应向问者提供建议,具有这类互动功能的疑问式回应共3例。例如:

(16)[全倒上]

01 → 绿:倒这么多就够了吧?剩点儿的放哪儿?

02 → 蓝:能一是不是全能倒上?

03   绿:应该全倒不上。

例(16)是三人吃饭的场景,绿询问饮料倒的量是否足够和剩余饮料的摆放位置。蓝用正反问的形式回应"是不是全能倒上",做出了建议的他益行为,但从绿在03行的回应来看,绿没有接受蓝的建议,也没有直接给出否定的回答,而是通过对蓝的建议功能的疑问句进行回应来提出自己的想法。

3.5 填充空白

当答者回答问者问题的过程中出现思维或话语组织障碍时,交际过程中会出现一段时间空白,为了避免因空白过长而造成尴尬,答者会尝试使用疑问式回应的手段来填充这段时间空白。在我们的数据中,具有这类互动功能的疑问式回应共3例,例如:

(17)[要不要炸弹]

01   S:炸弹(.)不要=

02   W:=炸弹。

03   (1.3)

04   D:嗯::那就该我出了是吗?

05 → W:你要吗?(0.9)<@还在想啊这个问题@>。

06   (1.6)

07 → D:对啊我要吗?

```
08        W:    [<@@@>]
09        S:    [<@@@>]
```

例(17)是 W、D 和 S 三人打牌的场景。W 打出了炸弹,D 选择弃牌,按顺序下一个出牌人应该是 S。W 见 S 还没有明确是否出牌,就问 S"你要吗?还在想啊这个问题"。之后出现了 1.6 秒的停顿,S 对于 W 提出的问题没有准备或没有考虑清楚,然后 S 发出回应"对啊我要吗",我们认为这个疑问式回应重复对方的问题,具有填充时间空隙、为自己争取考虑时间的功能。

3.6 重启话题

疑问式回应具有重启已经结束的话题的功能。我们的数据中,具有此类功能的语料较少,共 2 例,例如:

(18)[哪天出去吃饭]

```
01  →  小紫:  欸咱们哪天出去吃饭啊。
02         (13.0)
03  →  珊珊:  哪天出去吃饭。=
04  →  小紫:  =哪天出去吃饭啊。=
05      小陈:  =等她(.)明天考完嘛。
06      小紫:  不一对一那肯一(.)那肯定的呀就是(0.7)哪天。
07      小陈:  她什么一你什么时候走啊。
08      珊珊:  八号。=
09      小紫:  =她八号才走但是她要跟同学一起玩儿。=
10      珊珊:  =没事儿,我可以一吃个饭又不用,你们又不用吃一天。
```

重启话题功能在问者提问后往往伴随着一个较长的停顿。例(18)中,小紫问出"咱们哪天出去吃饭"之后,出现了一个长达 13 秒的停顿,预示话题就此终结。而珊珊在 03 行以回声问的形式将话题重启,从之后的话轮我们也可以看到,他们就"什么时候吃饭"这个问题展开了讨论。这里,珊珊没有给出陈述性信息,是对问题的逃避,并将问题转移给另一个听话人——小陈。

(19)[语法级别在哪儿]

```
01  →  珊珊:  欸那个那个那个那个那个(0.7)把那张纸给我,就是那个:
```

02		语法的级别到底在哪儿？
03		(1.0)
04 →	小紫：	语法的级别到底在哪儿？
05		(0.6)
06	珊珊：	谢谢。
07		(11.4)
08	小陈：	我也觉得是就要。
09 →	珊珊：	语法级别在哪儿？
10 →	小紫：	语法级别在哪儿？
11	小陈：	语法级别,(4.9)网上不能收一搜到吗？
12	小紫：	嗯,能,你就挨个搜 HSK 一级 HSK 二级 HSK 三级。

例(19)中珊珊、小紫和小陈在讨论一篇课文的语法点。珊珊询问"语法的级别到底在哪儿",1秒的停顿后小紫为避免会话过程因时间空白过程产生尴尬而使用回声问重复问题,之后出现了11.4秒的长停顿,小陈率先打破停顿,但是并没有回答珊珊的问题,于是珊珊再次提问,小紫在09行用回声问回应,并没有给出明确的信息,从而把话轮推向其他会话参与者。从后续话轮来看,会话参与者开始讨论"语法级别在哪儿"的问题,话题重新开启。小陈在10行重复了言谈对象"语法级别"后有4.9秒的较长停顿用来思考如何回应,之后又使用反问句的形式向珊珊提出建议"可以上网搜语法级别"。小紫在下一话轮赞同了小陈的建议,并表达了上网查找语法级别的具体方法。

上述六种互动功能在语料中的话轮位置,如表2所示：

表2 疑问式回应互动功能的出现频率

互动功能	独占话轮	话轮首	话轮中	话轮尾
他发修正	12	3	1	2
求取信息	8		1	3
提出质疑	8	2		1
提供建议	1			2
填充空白	8	1		2
重启话题	2			

语言资源在不同话轮位置上承担的互动任务可能有所不同。从互动角度来看，疑问式回应的功能可以分为他发修正、求取信息、提出质疑、提供建议、填充空白和重启话题这六种。其中疑问式回应独占话轮的情况最多，也可以用于开启和结束话轮。

四 疑问式回应的使用动因

本节进一步探讨疑问式回应产生的动因，以揭示疑问式回应的使用规律。

第一，为解决会话过程中出现的互动困难。在互动交际中，疑问的无标记回应应该是一个表达确定信息的陈述句，而当答者在交际过程中遇到互动困难时，会导致疑问式回应的产生，由于答者面临不同的互动困难，便产生疑问式回应的不同功能。

导致疑问式回应产生的互动困难，可以分为四种：一是当答者在对问者的言语接收或理解上产生困难时，会使用疑问式回应进行他发修正；二是因问题设计不当产生互动困难，当问题提供的信息不足，导致答者无法回答时，答者会使用疑问式回应来求取扩展信息；三是当答者因出现思维或话语组织障碍使交际过程中出现时间空白，或因话题结束而出现时间空白，会在会话规程上产生互动困难，答者会使用疑问式回应来填充空白或重启话题；四是当因问题内容或提问行为而产生互动困难，答者会使用疑问式回应来提出质疑。面对交际过程中出现的不同的互动困难，答者选择使用疑问式回应解决，促使会话顺利进行。疑问式回应的互动功能和互动困难之间的关系，如表3所示：

表 3 疑问式回应的互动功能和互动困难

互动功能	互动困难
他发修正	答者对问者的言语接受或理解上产生困难
求取信息	因问题设计不当产生困难
提出质疑	因问题内容或提问行为产生困难
填充空白	会话规程上产生互动困难
重启话题	

第二，交际者对言谈对象的认识状态不平衡，会导致答者使用疑问来进行回应。交际双方需要不断调整信息来使对话顺利进行。当答者处于 K－的状态时，通常会发出基于 B-events(Labov & Fanshel 1977)的疑问式回应来求取扩展信息、进行他发修正，从而引起信息交换，促使会话顺利进行。如例(20)：

(20) [吃什么]

```
01 →  小紫：   欸咱们几号,[六号是吧,]六号晚上是吧,吃啥?
02     珊珊：                [去买东]西。
03             (1.6)
04 →  珊珊：   你们想吃啥。
05     小陈：   到时候再说呗,(1.2)现在想吃到时候不一定想吃。
```

例(20)中,小紫询问珊珊和小陈聚会吃什么,在1.6秒的停顿后,珊珊使用疑问式回应"你们想吃啥",即聚会吃什么取决于小紫和小陈的想法,珊珊并不知道,珊珊处于K-的状态,因此为了会话顺利进行下去,需要使用疑问式回应以寻求信息。

五 结语

本文以多人会话语料为研究对象,考察了汉语自然口语中疑问式回应的位置特征、互动功能和使用动因。我们发现,疑问式回应通常位于序列中第二位置并单独作话轮。互动困难是触发答者使用疑问式回应的重要因素。疑问式回应也因互动困难的不同而具有不同的互动功能。当答者遇到问题设计不当产生的互动困难时,会使用疑问式回应来求取扩展信息;当答者对问者的言语接受或理解产生困难时,会使用疑问式回应进行他发修正;当在会话规程上产生互动困难时,答者会使用疑问式回应以重启话题或填充空白;当因问题内容和提问行为而产生互动困难时,答者会使用疑问式回应来提出质疑。

附 录

语料转写体例:

X:	表示说话者身份。
→	表示目标行。
[ ]	表示话语交叠。
=	表示无延迟回应。
:	表示语音拖长。
—	表示语音截断。
<@@@>	表示笑声。
,	表示平调、微升或微降调。

。	表示降调。
?	表示升调。
(.)	表示小于 0.2 秒的停顿。
(..)	表示 0.2—0.6 秒的停顿。
(0.6)	表示超过 0.6 秒的停顿。
(( ))	表示转写者或研究者的注释。

参考文献

方　梅、李先银、谢心阳(2018)互动语言学与互动视角的汉语研究,《语言教学与研究》第 3 期。
方　梅、谢心阳(2021)汉语对话中问句的解读——以反问句和陈述式问句为例,《汉语学报》第 1 期。
侯国金(2006)以问答问的语用机制,《解放军外国语学院学报》第 2 期。
刘娅琼、陶红印(2011)汉语谈话中否定反问句的事理立场功能及类型,《中国语文》第 2 期。
沈家煊(1989)不加说明的话题——从"对答"看"话题—说明",《中国语文》第 5 期。
田娅丽、王　磊、高　山(2014)回声话语分类及其语用功能探析,《黎明职业大学学报》第 2 期。
谢心阳(2018a)汉语自然口语是非疑问句和特殊疑问句的无标记回应,《世界汉语教学》第 3 期。
谢心阳(2018b)汉语自然会话中的疑问式回应及其互动功能,《语言教学与研究》第 6 期。
谢心阳(2021a)多模态资源与汉语口语中陈述式问句的解读,《当代修辞学》第 3 期。
谢心阳(2021b)《问与答:形式和功能的不对称》,北京:社会科学文献出版社。
乐　耀(2017)汉语会话交际中的指称调节,《世界汉语教学》第 1 期。
张文贤、李先银(2023)回声话语:自然口语对话回应中的一种设计,《汉语学报》第 1 期。
张文贤、乐　耀(2018)汉语反问句在会话交际中的信息调节功能分析,《语言科学》第 2 期。
Couper-Kuhlen, E. & Selting, M. (2018) *Interaction Linguistics: Studying Language in Social Interaction*. Cambridge: Cambridge University Press.
Heritage, J. (2012) Epistemics in action: Action formation and territories of knowledge. *Research on Language and Social Interaction*, 45(1).
Labov, W. & Fanshel, D. (1977) *Therapeutic Discourse: Psychotherapy as Conversation*. New York: Academic Press.
Lee, Seung-Hee(2012) Response design in conversation. In Sidnell, J. & Stivers, T. (eds.). *The Handbook of Conversation Analysis*, 415—432. Chichester: Wiley-Blackwell.
Schegloff, E. A. (2000) When "others" initiate repair. *Applied Linguistics*, 21(2).
Schegloff, E. A., Jefferson, G. & Sacks, H. (1977) The preference for self-correction in the organization of repair in conversation. *Language*, 53(2).

作者简介

宿潇予,北京语言大学语言科学院硕士研究生,研究方向为互动语言学。Email:suxiaoyu1020@qq.com。

李先银,北京语言大学语言科学院研究员,研究方向为互动语言学和语法教学。Email:lixianyin@blcu.edu.cn。

真人互动节目中话语交叠的退出及其影响因素*

胡承佼 程冰雨

安徽师范大学文学院

提　要　话语交叠是会话中的常见现象。当发生话语交叠时,交际各方需要采用适当的方式退出交叠,以维持会话顺利进行。从交叠退出时伴随的话轮表现形式看,话语交叠存在无形式表征的退出和有形式表征的退出两类情形,前者包括话轮刻意保持和话轮主动让出,后者包括使用话轮出让提示语、使用话轮抢夺提示语、利用体态提示以及利用沉默协商。影响交叠退出选择的主要因素有交叠类型、知情状态、礼貌需求和社会权威,尤以知情状态的影响效度最大。退出交叠后,其后续话轮一般有两种表现:一是话题重启,二是话题连贯。

关键词　话语交叠　有形式表征的退出　无形式表征的退出　知情状态　影响效度

一　引言

话轮转换是会话过程中的显著特征之一,参与会话的交际各方会不断进行说话人和听话人之间的角色转换。Sacks et al.(1974)提出了包括话轮构成规则和分配规则的话轮转换理论(Turn-taking theory)。理想的话轮转换应该井然有序、边界清晰,但实际交际过程中经常会出现交际各方同时发言的话语交叠(overlap)现象,干扰话轮转换。例如:

(1)((讨论中日文化差异))
01　马未都:问题是他刚才无意中说了个问题
02　　　　　它实际上是一个文化问题
03　　　　　[就是日本]
04　窦文涛:[真是武士道]
05　马未都:对..日本文化中

---

*　匿名审稿专家为本文提出了宝贵的修改意见,谨致谢忱!

06   它很注重这种仪式感
07   这种仪式..我们是讲究实用。

何兆熊(1989),王得杏(1998),李悦娥、范宏雅(2002)均提及了谈话过程中的话语交叠问题,但未予具体考察。匡小荣(2006)将话语交叠分为竞争性和非竞争性两种;董敏、王冰(2009)对主持人群体的话语交叠现象做了考察,提出话轮交叠通常发生在转换关联位置,具有重建话轮秩序、索取话轮和实现会话目标的功能;李先银、石梦侃(2020)在匡小荣(2006)的基础上,将话语交叠类型重新划分为协奏型、共建型、反馈型、误判型和自选型,并认为话轮转换机制偶尔失序是造成话语交叠的重要原因。这些研究极大深化了对话轮转换过程中话语交叠现象的认识。值得进一步考虑的是,当话语交叠现象发生后,交际各方会如何应对?交叠该怎么退出?言谈将怎样继续?这些问题目前尚未见专文讨论。本文打算就此进行具体考察和分析。本文语料来自四档真人互动节目:《向往的生活(第五季)》《圆桌派(第五季)》《令人心动的 offer(第二季)》《守护解放西(第一季)》,语料总时长约 15 小时,会话参与者涉及两方或多方。有必要指出,真人互动节目中的谈话与日常会话仍有一些不同,相较于日常会话,真人互动节目中的谈话往往有赖于事先预设的"脚本"和"程式",其对话风格具有一定的表演性,话题展开具有一定的范围性,会话人数具有一定的限定性,言语表达的自然性尚不如日常会话。受语料所限,本文主要对真人互动节目中出现的话语交叠现象做相应考察。

二 话语交叠的退出

会话过程中,交际各方为使交谈顺利进行,往往需要保证"同一时间里至少有一方"(Schegloff 2000),但又不多于一方在说话。一旦话语出现交叠,交谈的顺畅性势必受到阻碍和影响。为维持话语进程,最终实现交际目的,交际各方需要采用适当的方式退出交叠,最终使交谈回到只有一人说话的状态。可见,交叠退出是维护交际顺利进行的一种必要交际策略。就交叠退出时伴随的话轮形式表现看,存在无形式表征的退出和有形式表征的退出两类情形。

2.1 无形式表征的退出

无形式表征的退出是指交叠退出时,伴随话轮中没有直接体现退出的明显形式表征,会话以一种较自然的状态得以继续。具体表现为话轮刻意保持或话轮主动让出。

2.1.1 话轮刻意保持

交叠出现后,如果被打断的一方试图继续占据话轮,其有时会通过提高音高、增强音强、加快或减缓语速等非显性形式来作为保持话轮的竞争手段。这时,介入者一般会退

出话轮竞争,原本被打断的一方重新获得话语权。例如:

(2)((评价醉汉自己砸自己的车))
  01 任 罡:这个人还是有意思啊——
  02 杨 光:自己和女朋友喝醉了酒
  03   两个人在那情感纠纷。
  04 任 罡:不过...他有一点是好的呢〈@@〉
  05   他自己((2s))[自己——]
  06 杨 光: [砸自己的车]
  07 任 罡:＞他想出气还砸了自己的车＜((1s))
  08   〈@@〉等他明天酒醒他会心痛的
  09   车的玻璃全是自己砸的。

"任罡"讲述案件时,在"自己"后有明显的两秒停顿,说明他此时存在输出障碍或者选词困难等问题。同为案件处理的参与者,"杨光"预测出可能的后续内容,从而主动介入,引起交叠。为了保证讲述的完整性,"任罡"在交叠出现后选择加快语速以占据下一话轮,在确认"杨光"不再进行插话后才有了1秒停顿,停顿结束后继续话语输出。

2.1.2 话轮主动让出

有时,当交叠出现后,被打断的一方出于礼貌或者由于介入者传达的信息是对自己提出问题作出的回应,被打断方会主动退出话轮争夺,让出话轮。这时介入者就会获得话语权,实现话轮转换。例如:

(3)((深挖案件信息))
  01 刘毅昇:任罡他们出了一个警
  02   他说这个案子好像之前((1s))
  03   是你办的一个案子
  04   [是吧]
  05 张 鹏:[对对]对 我有印象...
  06   电诈的。
  07 刘毅昇:他在现场了解了一下
  08   好像说可以深挖一下吧...这个事。

"刘毅昇"向"张鹏"咨询与案件有关的信息,当"是吧"与"对对"交叠后,"刘毅昇"意识到"张鹏"对自己提出的问题作出了回应,主动让出话轮,以确保"张鹏"能够继续说下去,进一步获取自己需要的信息。

2.2 有形式表征的退出

有形式表征的退出是指交叠退出时伴随话轮中存在直接体现退出的明显形式表征，会话在某种形式"干预"下得以继续。较常见的有形式表征的退出主要有：使用话轮出让提示语、使用话轮争夺提示语、利用体态提示以及利用沉默协商策略。

2.2.1 话轮出让提示语

出于礼貌以及为了听清对方的信息表述，在交叠产生后，会话交际中的一方有时会使用话轮出让提示语将下一话轮的主导权让给另一方。例如：

  (4)((认为自己心理素质好))
    01 窦文涛：她写这个书里边[有招啊]
    02 邓亚萍：   [对对对]
    03 → 窦文涛：**你先说。**
    04 邓亚萍：其实蛮难的＜@@＞
    05   就是因为大家都觉得
    06   我其实这个感觉..
    07   我心理素质蛮好的。

除"你先说"，"你讲""你说，我听着"等也是常用的话轮出让提示语。例如：

  (5)((讲述自己的工作理念))
    01 窦文涛：[你像他那个]
    02 陈晓卿：[我儿子XXX]
    03 → 窦文涛：**你讲。**
    04 陈晓卿：我儿子问过我说
    05   那将来你要拍的片子
    06   人不爱看呢((2S))
    07   我说那我可以不做
    08   但是呢我想我还能
    09   写写东西
    10   或者我做个声优
    11   自己做一个电台
    12   我觉得这可能都是..
    13   对我来说都太重要了。

2.2.2 话轮抢夺提示语

说话人使用话轮抢夺提示语旨在向对方展示自己想要主导下一话轮的强烈需求,由此达到对方退出当前交叠、让出话轮的目的。常见的话轮争夺提示语主要有"(让)我先说""(你)听我说"等。"(让)我先说"意在直接告知对方应遵循的话轮顺序;"(你)听我说"则一方面提醒对方注意"我"接下来的话语内容,另一方面强调后面话轮的占有者是"我"。例如:

```
(6)((讨论笑的来源))
    01      陈佩斯:以"a"元音为主体的这个声音哈哈哈哈
    02            它是最大的进气量
    03            最大的呼吸量
    04            来表达这个..这个声音
    05            是什么呢...呼救
    06            最初肯定在水中
    07            是为了呼救才有...对吧
    08            [但是因为你有这个呼救]
    09      窦文涛:[不是他呼救为什么要乐呢]
    10  →   陈佩斯:**你听我说**
    11            对..但是他再进化以后
    12            他就这个功能..
    13            呼救的功能就变成了笑的功能。
```

诸如"我说你听""听着""我告诉你"等也能够充任话轮抢夺提示语,其使用意图与"(让)我先说""(你)听我说"大体相同。例如:

```
(7)((讨论房地产商的话语技巧))
    01      马未都:我几分钟我就把这房子买了。
    02      窦文涛:<@@>主要是唐宁街给了您这信心。
    03      马未都:就是说话的技巧。
    04      窦文涛:那说明您也挺上套的呀<@@>
    05      马未都:[说话的技巧]
    06      许子东:[估计将来就]有地产商
    07            改的项目就改成唐宁街[九号了]
    08      马未都:              [对对对]
```

```
09  →          我告诉你
10             它是这样
11             每个人都是有短板。
```

在"马未都"讲述房屋销售人员的话语技巧对自己购房选择的影响时,"许子东"介入话轮,对"马未都"进行打趣,第5、6行发生话语交叠。此时,"马未都"想要承接前述话题,解释话语技巧对人的选择具有影响的原因,于是在第8行提前介入话轮,与"许子东"再次发生话语交叠。为了保证自己的话轮不被打断,"马未都"使用话轮抢夺提示语"我告诉你",宣告自己对下一话轮的强烈需求,此时"许子东"不再说话,由"马未都"接管话轮,继续讲述。

2.2.3 体态提示

互动中的形式单位除语言单位外,还包括身体活动单位及语言和身体活动共同构成的多模态单位(李晓婷 2019)。比如,手势与其相关语言成分对话轮具有投射作用。指向性手势出现在与其相关的词汇成分之前(Kendon 1972),形成了话轮投射空间(Schegloff 1985),使互动参与者在词汇成分产出之前就能对其进行判断、作出反应。例如:

(8)((讨论人类遗传来源))
```
01  尹  烨：男的给了遗传物质
02          所以就是说线粒体基本上
03          都是妈来的..
04          我们往上溯的时候
05          所有人应该能溯到一个妈——
06  宋轶君：[就是夏娃的那个]
07  尹  烨：[就是线粒体夏娃]
08          大约就是二十万年前吧
09          我们智人刚开始出来的时候。
```

图 1   眼神注视

图 2   指向性手势

"宋轶君"基于一定的知识储备,根据"尹烨"上面的讲述进行结论推断,介入当前话轮,引发话语交叠。话语输出时,"宋轶君"的眼睛始终看向"尹烨"所在位置(图1),并在输出"那个"的时候伴随着一个掌心向上并且向正前方微微倾斜的"请"的手势(图2),表示对当前话轮的出让,示意"尹烨"接着往下说。

Li(2014)观察到,在汉语自然会话中,身体前倾可伴随听话者的插入性问题出现,表示问题在序列中的特殊位置并寻求对方的回应。再看一个例子:

(9)(("一年不买计划"))
  01 宋轶君:我前一段..就我有个朋友跟我说
  02   现在很流行一种＝这个方式
  03   他说叫作那个一年不买计划之类的
  04   [那就是——]
  05 许子东:[一年不买]..什么意思?
  06 宋轶君:对对..就是一年他就一年什么也不买
  07   就是我不花钱
  08   就除了我要吃要喝的
  09   这个最必要的这些东西
  10   那我都不买。

图3 身体前倾   图4 眼神注视

"宋轶君"讲述朋友告诉自己的一种新生活方式"一年不买计划"时,"许子东"突然插话,对什么是"一年不买计划"提出疑问,出现话语交叠。为了提示对方自己疑惑之处,"许子东"先对"一年不买计划"进行复述,紧接着提出疑问。观察后续会话序列,"宋轶君"在"许子东"的话轮结束后,对其疑问进行了详细解释。提出疑问时,"许子东"的身体微微前倾(图3),脖颈略微伸向斜前方,并且眼睛始终看向"宋轶君"所在的位置(图4),寻求对方的及时回应。

2.2.4 沉默协商

话语交叠后有时还会出现沉默现象,这种沉默可以视为一种"无声"的会话协商,其看似无形实则有形。即,出现交叠后,双方都有意停下来,然后再由一方接管话轮,退出

交叠,会话继续进行。例如:

(10)((讨论父母期许强烈的原因))
01　窦文涛:您说为什么
02　　　　就是现在就是我感觉到
03　　　　有些年轻人的父母
04　　　　他对孩子的那个期许是那么强烈
05　　　　[那么不依不饶]
06　马未都:[中国人文化啊]
07　　　　((1S))
08　窦文涛:就是强烈到了
09　　　　的确就是您说的
10　　　　是不是你甚至有点怀疑
11　　　　是不是超越了爱的这个...这个限度。

在"窦文涛"表述自己的看法时,"马未都"介入话轮,造成话语交叠。当交叠出现后,双方均有意将话轮让出,不约而同地选择终止自己的话轮,并同时沉默不语。然后,"窦文涛"再次接管话轮,会话继续。

不难看出,这类沉默不同于话轮中的思考沉默,其展现出协商话轮转换的人际性功能,在会话序列中具有独立地位。而且,为了及时维系会话,这类意在促使交叠退出的沉默一般时间不会太长,多在 1 到 2 秒之间。再如:

(11)((讲述年轻人对公司团建的看法))
01　许子东:团建...他们觉得这个团建
02　　　　是你公司的需要((1S))
03　　　　所以就你应该全部用我们上班的时间..对不对
04　　　　或者是你两天周末
05　　　　你另外三天
06　　　　你不要扣我们的假期
07　　　　钱应该你们来出。
08　马未都:对<@@>最好再发点。
09　许子东:对..最好再[发点儿]
10　宋轶君:　　　　　　[是啊]
11　　　　((1S))

```
12   许子东:我们去了还有补贴
13        总而言之
14        整个事情不是我们要的
15        是你公司要的。
```

"许子东"分析年轻人不愿意参加团建的原因后,"马未都"进行补充。随后,"许子东"对"马未都"的补充做出正面反馈,而此时"宋轶君"为表达自己的认同,在"许子东"的话轮还未结束时提前介入,引起话语交叠。交叠后,"许子东"有意让出话轮让"宋轶君"接管,而"宋轶君"此时并没有做好讲述的准备,也有意将话轮交还"许子东",两人同时沉默。而后,"许子东"重新接管话轮,会话继续。

三 影响交叠退出的因素

前文对会话序列中话语交叠的退出方式进行了梳理,下面讨论究竟有哪些因素可能影响交叠退出的选择表现。

3.1 交叠类型

匡小荣(2006)根据是否争夺话轮,将交叠分成非竞争性交叠和竞争性交叠两类。考察发现,这两类交叠退出时的选择表现有所不同。

非竞争性交叠是各交际参与方碰巧同时说话而出现的话语交叠。其不以争夺话轮、控制话轮权为目的,介入者往往是为了对当前说话人的言说内容表示赞成、鼓励、补充或修正以促进会话顺利进行。此时,介入者作为后说话的一方通常会选择先行退出交叠。例如:

```
(12)((讨论生产关系的决定作用))
01   陈晓卿:这实际上就是城市越大
02        生产关系决定的...[成分越大]
03   许子东:              [成分越大]
04   陈晓卿:那越到((2S))它的商业社会
05        没有那么特别发达的地方
06        你就会觉得
07        还是有这么多地道风味。
```

"陈晓卿"在讲述生产关系的决定性作用时出现了一个短暂的停顿。"许子东"在会话停顿处输出"成分越大"对中断话语进行补充,"陈晓卿"经过片刻思索后也顺利输出会话内容，两人会话发生交叠。随后"许子东"主动退出当前交叠，由"陈晓卿"接管话轮继续讲述。此处交叠属于一种非竞争性的共建型交叠(Wenxian Zhang, Xianyin Li & Wei Zhang 2021)，介入者在当前发话人发言遇到困难时主动发言提供协助，同时发话人也恰好搜索到合适的话语内容，双方共同完成了这一轮会话。

竞争性交叠是交际参与方中的一方急于表达自己的想法并截断当前说话人的话轮强行介入而出现的话语交叠。其目的在于争夺话轮，控制话语权，介入者往往意在对当前说话人的言说内容进行质疑、反驳或是进一步预测。此时，先说话一方和作为介入者的后说话一方都有可能先行退出交叠，往往需要视具体谈话内容而定。例如：

(13)((歌唱表演后的安慰))
01　何　炅：前两句是不是有点紧张
02　　　　　但你[好快——]
03　黄　磊：　　[你非常好]
04　张子枫：我前两句——
05　何　炅：有点紧张。
06　张子枫：对＜@@＞一开口
07　　　　　但我[其实没有太紧张]
08　黄　磊：　　[大家不一定会懂]
09　张子枫：但是不知道为什么前两句——
10　何　炅：声音不受控制。

先看第2、3行发生的交叠，当"何炅"说出"好快"时，"黄磊"为了安慰"张子枫"，在"何炅"尚未结束话轮时提前介入，主动截断话轮。"何炅"同样意识到了这一点，作为先说话一方让出话轮，不再接话，交叠得以退出，而后"张子枫"接过话轮试图解释。

再看第7、8行发生的交叠，"张子枫"想解释说自己没有太紧张，而"黄磊"仍想安慰"张子枫"，因而在"我"之后出现话语交叠。当"黄磊"听"张子枫"说"其实没有太紧张"后，选择让"张子枫"继续讲述自己的内心想法，作为后说话一方让出话轮，没有接着往下说，交叠得以退出。

3.2　知情状态

会话互动过程中，各交际参与方所掌握的信息不尽相同，针对某一方面可能存在认识多与少的不对等性，此时信息流一般是由知情状态高(K＋)的一方流向知情状态低(K－)的一方。因此，当双方出现话语交叠后，为了能够掌握更多信息，尽快弥补信息差，知情状态低的一方大多会选择先行退出交叠，由知情状态高的一方接续话轮，继续输出

信息,推动会话向前发展。例如:

(14)((对观众喝彩感到紧张的原因))
01　窦文涛:很紧张＜@@＞给您叫好。
02　陈佩斯:很紧张((1S))
03　　　　不该叫好的地方叫好了
04　　　　真的很紧张
05　　　　会让人很恐怖。
06　窦文涛:恐怖＜@@＞
07　　　　就是你还是要自然的。
08　陈佩斯:对。
09　窦文涛:[发自内心]
10　陈佩斯:[因为]
11　　　　因为什么呢
12　　　　他可能是来砸场子的
13　　　　我怕是这个。
14　窦文涛:＜@@＞这个挺逗。

"窦文涛"与"陈佩斯"就"舞台表演时观众喝彩"进行讨论,"陈佩斯"提出不合时宜的喝彩让自己感到恐怖。"窦文涛"用"你还是要自然的"附和"陈佩斯"上述看法,"陈佩斯"用"对"回应"窦文涛"的附和。"窦文涛"本想转接话轮,用"发自内心"进一步指明"要自然",而此时"陈佩斯"则在用"对"回应后试图继续加以解释,由此出现交叠。这种情况下,"窦文涛"作为在舞台表演方面知情状态低的一方选择让出话轮,由"陈佩斯"继续说下去,倾听其具体原因,交叠就此退出。

3.3 礼貌需求

何兆熊(2000)提到,礼貌是人类文明的标志,是人类社会活动的一条重要准绳。作为一种社会活动,言语交际同样受这条准绳的约束。当交叠出现后,交际中的某一方出于礼貌有时会选择退出交叠,将话轮让渡给另一方,以构建良好的人际互动。例如:

(15)((调音协商))
01　王　弢:调到442可以吗?
02　吕思清:[对..442同意]
03　王　弢:[442因为我们]的乐器都是442。
04　吕思清:442赫兹。

"吕思清"是世界著名小提琴家,"王弢"是青年单簧管演奏家。两人准备合作演奏,"王弢"出于礼貌用"调到442可以吗"询问"吕思清"的意见,并试图进一步解释调到442的原因,同时"吕思清"则表达了对"王弢"所问问题的认同,就此出现话语交叠。这时"吕思清"选择主动终止话轮,由"王弢"接着解释原因,此后才接过话轮进行了一次带有补充意味的重复"442赫兹"。显然,"吕思清"并非不知道为什么要调到442,其之所以主动退出交叠而不是强势打断"王弢"的解释,更多考虑的是显示礼貌。这种交叠出现后,先说话一方主动让出话轮,让作为介入者的后说话一方掌握当前话轮,是礼貌需求在会话序列中的一种常见表现。

3.4 社会权威

一种言语行为同时也是一种社会行为,社会关系对个人的言行举止具有制约性。话语交叠在一定程度上受各交际参与方的社会权威表现或社会权威等级的影响。当交叠发生后,多数时候是社会权威等级较低的一方选择主动先行退出,将话轮交给社会权威等级较高的另一方。即,如果会话中的交际各方在社会权威方面存在某种较显著的等级性,如上级与下级、长辈与晚辈、施控者与受控者,他们通常会有意识地或无意识地遵循该等级性,以保持会话序列的秩序感与和谐度。例如:

(16)((面试官询问求职者语言能力))
01　柴晓峰:请向我们介绍一下你的语言能力。
02　李浩源:我参加了一些..
03　　　　　诸如托福和雅思的语言能力测试——
04　柴晓峰:成绩如何?
05　李浩源:分数吗[七分]
06　柴晓峰:　　　[分数]
07　柴晓峰:雅思七分吗?
08　李浩源:雅思七分。

面试官"柴晓峰"直接截断求职者"李浩源"的话轮,向其提问"成绩如何"。"李浩源"先以"分数吗"试图确认"柴晓峰"的问题,然后立刻回答"七分",与此同时"柴晓峰"也用"分数"回应了"李浩源",由此产生话语交叠。交叠出现后,"李浩源"作为求职背景下社会权威等级较低的一方终止话轮,将话轮让给社会权威等级较高的另一方——面试官"柴晓峰"。

为便于说明问题,以上对各影响因素进行了独立分析,但会话序列中话语交叠的退出有时是不同影响因素彼此配合或互相博弈的结果,甚至还要考虑交叠内容所反映的言

语行为类型,情况异常复杂。例如:

(17)((面试官询问求职者兴趣爱好))
  01 王剑锋:游戏打吗?
  02 何运晨:游戏也打[就是会 XXX]
  03 王剑锋: [打什么游戏]
  04 何运晨:游戏就是吃鸡啊..
  05   然后王者荣耀什么的...
  06   团队性的。

就求职背景看,面试官"王剑锋"的社会权威等级高于求职者"何运晨";在"求职者兴趣爱好"方面,面试官"王剑锋"的知情状态显然又低于求职者"何运晨"本人。若单以前一影响因素论,先行让出话轮的通常应是"何运晨";若单以后一影响因素论,先行让出话轮的通常应是"王剑锋"。应注意到,由于产生交叠时,"王剑锋"本来就是在发出一个询问的言语行为"打什么游戏",目的在于获取"何运晨"的回应,因此尽管其社会权威等级高于"何运晨",交叠退出后重新掌握话轮的仍旧是知情状态高的"何运晨"。

3.5 影响因素的效度序列

前文已指出,话语交叠的退出有时是不同影响因素彼此配合或互相博弈的结果。不同影响因素的彼此配合通常会带来顺向叠加效应,不影响交叠退出的最终选择,这里姑且不论。关键是不同影响因素的互相博弈,会导致交叠退出在选择上的逆向"拉扯",此时就存在影响效度大小问题,即当多个影响因素同时存在、互相博弈时,究竟哪个因素对交叠退出选择起主导作用?以下是对采集到的 2163 条语料的统计结果(非竞争性交叠与竞争性交叠均可能涉及知情状态、礼貌需求、社会权威,故暂不考虑交叠类型这一影响因素),见表1:

表 1 不同因素影响交叠退出的语料统计

	知情状态	礼貌需求	社会权威	总计
例子数	1268	758	137	2163
百分比	58.6%	35.0%	6.4%	100%

不难看出,知情状态高低对交叠退出选择的影响最大,言语交际最重要的目的仍然是信息的传递与获取,知情状态低的一方总是期待知情状态高的一方尽可能多说,以获取更多未知信息,因而当交叠出现后一般会主动先行退出,尽量避免抢占对方话轮。礼貌需求对交叠退出选择的影响次之,当知情状态相当时,礼貌需求由于关乎会话交际能否顺利进行,其影响就会凸显出来,先说话一方在其驱动下往往主动将话轮让渡给介入

者,以构建一个和谐的会话环境,便于会话继续往下顺利推进。社会权威等级对交叠退出选择的影响较小,从语料来看,会话过程中如果各交际参与方的社会权威等级存在明显悬殊,发生话语交叠的概率很低,原因在于社会权威等级低的一方通常会主动避免与社会权威等级高的一方产生话语交叠,这本质上还是受礼貌原则的制约。换言之,话语交叠大都还是发生在社会权威相当的交际参与方之间。

综上,可为知情状态、礼貌需求、社会权威这三个影响交叠退出选择的因素给出如下效度序列(">"表示"影响效度强于"):知情状态＞礼貌原则＞社会权威。

四 交叠退出后的话轮表现

话语交叠可能导致语流中断、部分信息模糊不清等状况,会话序列一般不以交叠形态来终止,往往伴有后续话轮。其后续话轮表现主要有话题重启和话题连贯两种情形。

4.1 话题重启

话题重启,是指对会话过程中由于言语错误、语流中断、部分信息模糊不清等原因导致的受损话题进行重启,形式上体现为对原话题所涉话轮进行修改、复述或补充说明。具体到交叠退出后的话轮表现,如果交际各方发生交叠的言谈内容较短且话题未发生改变,那么交叠退出后占据下一话轮的一方在开启话轮时,往往选择重复交叠的言谈内容,重新启动原话题。例如:

(18)((讨论人类遗传的具体内容))
01　　许子东:就是说父亲跟儿子
02　　　　　或者是爷爷
03　　　　　再到下面孙子
04　　　　　他们中间的这个((2S))
05　　　　　有怎么样程度的一种相似性。
06　→　尹　烨:[我一般说]
07　　　　许子东:[通过遗传]
08　→　尹　烨:对..我一般来讲
09　　　　　一个社会属性的人遗传什么((1S))
10　　　　　不是只是父精母血
11　　　　　父精母血那只是其中的一个
12　　　　　我们叫血脉
13　　　　　我们今天咱几个聊半天讲的是中国话

```
14          这是文脉
15          还有一个是菌脉((1S))
16          你的微生物也在遗传也在传递。
```

"尹烨"与"许子东"发生交叠的言谈内容较短,且此时话题依旧与"遗传"有关,"尹烨"在表达对"许子东"所补充内容的认可后,选择重复输出"我一般来讲",修补原话轮,重新对原话题进行讲述。再如:

```
(19)((讲述电影里吃西餐的情节))
    01      宋轶君:比如说个很简单的..
    02              去吃西餐
    03              他就说我怕就是弄不清楚
    04              这这一套刀叉。
    05      马未都:学啊...看两遍。
    06  →   宋轶君:我记得[那个电影]
    07      马未都:      [慢点儿动作]
    08  →   宋轶君:那个电影里面
    09              不就是教她这个。
```

"宋轶君"在"马未都"完成观点表达后,开始讲述自己看过的一部电影里有关吃西餐的情节,此时"马未都"突然插话,打断"宋轶君"的讲述,对自己的上一话轮内容进行补充,由此产生话语交叠。交叠退出后,"宋轶君"选择重复交叠内容"那个电影"对原话轮加以修补,再继续对同一话题进行讲述。

4.2 话题连贯

话题连贯,是指会话各方保持前后话题的一致性、连续性以及相关性,形式上表现为前一话轮有某种言语行为,后一话轮就会有某种相应的言语行为,如"召唤"与"应答"等(王全智 2002)。具体到交叠退出后的话轮表现,如果交际各方所言谈的话题已经发生改变,那么交叠退出后占据下一话轮的一方往往就需要对新的话题作出及时回应,以维系新话题的连续性,一般不再重复交叠内容。例如:

```
(20)((外国人选择中国留学的原因))
    01      刘子超:就他想去中国
    02              想去...呃=
    03              [想去学中文]
    04      窦文涛:[对他来说]中国是个发达的国家..是这样吗?
```

05　刘子超：对..他们是＝
06　　　　怎么说呢...
07　　　　我觉得是一个很((1S))
08　　　　是一个新兴的选择吧
09　　　　比如之前可能是去美国
10　　　　因为美国现在呃＝不好去
11　　　　政策也在变化。

"刘子超"讲述自己在杜尚别遇到一个孔子学院的学生想来中国留学的经历，而"窦文涛"却对外国学生想来中国留学的原因感到好奇。当话语交叠发生后，后面的话题实际已经由谈论"一个孔子学院的学生想去中国留学"转向谈论"有些外国学生选择去中国留学的原因"。为维系新话题的连续性，"刘子超"并没有重复交叠内容，也不再继续介绍遇见这名学生的具体细节，而是对"窦文涛"提出的询问作出了及时回应。

有一种情况需要注意，如果发生交叠的言谈内容对话语理解与会话推进未造成实质性困难，出于语言表达经济性和信息传递效率的考虑，有时候即使话题没有发生改变，交叠退出后占据下一话轮的一方也可能选择不以重复交叠内容的方式对原话轮进行修补并重启话题，而是选择保持话题连贯。例如：

(21)((判断鱼子酱品质的好坏))
01　陈晓卿：鱼子酱也有好坏
02　　　　鱼子酱现在就是因为我们的――
03　宋轶君：[人工养殖]
04　陈晓卿：[养殖的太]
05　　　　鱼子酱大部分都是养殖的
06　　　　就是不养殖的
07　　　　野生的没有没有养殖的好。
08　宋轶君：黑海的那些就――
09　陈晓卿：对对对＜@@＞

"陈晓卿"讲述鱼子酱品质问题时，"宋轶君"通过预测"陈晓卿"的后续内容进行接话，截断了"陈晓卿"的话轮，导致话语交叠。"宋轶君"作为介入者，说出"人工养殖"后不再说话，"陈晓卿"接管下一话轮继续讲述。此时，"陈晓卿"对养殖的和野生的鱼子酱品质进行比较，话轮较长，且交叠的言谈内容并不会使"宋轶君"对后续内容产生理解偏差，因此"陈晓卿"并未重复交叠内容以重启话题，而是选择保持话题讲述的一致性。

五 结语

话语交叠是会话中的常见现象,为实现交际需求,交际各方通常会采用适当的方式退出交叠。从退出时伴随的话轮表现形式看,话语交叠存在无形式表征的退出和有形式表征的退出两种方式,前者包括话轮刻意保持和话轮主动让出,后者包括使用话轮出让提示语、使用话轮抢夺提示语、利用体态提示以及利用沉默协商。影响交叠退出选择的主要因素有交叠类型、知情状态、礼貌需求和社会权威,话语交叠的退出有时是这些影响因素彼此配合或互相博弈的结果,其中知情状态高低对于话语交叠退出选择的影响效度最大。会话序列一般不以交叠形态终止,往往伴有后续话轮,主要包括话题重启和话题连贯两类情形。

话语交叠现象牵涉诸多方面,目前相关研究大多建立在 Jefferson(1973) 和 Schegloff(2000) 研究的基础上,关注于交叠类型及其语义表达的梳理与描写,对交叠退出问题仅有零星讨论(刘虹 2004),很多方面语焉不详。本文也只就真人互动节目中话语交叠退出的具体表现及其影响因素进行了初步考察,诸如交叠内容所反映的言语行为类型对交叠退出有何影响、交叠退出前后的话语韵律表现有何特点、多模态互动对交叠产生与退出有哪些细节性作用等问题,还有待更全面、更细致的深入挖掘。

附 录

语料转写体例:

[ ]　　表示话语交叠。
(( ))　　转写者或研究者的注释,说明非言语事件。
＞＜　　表明说话时语速加快。
<@@>　　笑声。
＝　　声音拖长。"＝"约为一个音节或不足一个音节。
..　　不超过 0.2 秒的停顿。
...　　大约 0.3—0.6 秒的停顿。
...( )　　超过 0.6 秒的长停顿。
→　　目标行。
<XX>　　听不清楚的部分。

参考文献

董　敏、王　冰 (2009) 主持人话轮转换和话轮重叠现象分析,《北京第二外国语学院学报》第 10 期。

何兆熊（1989）《语用学概要》，上海外语教育出版社。

何兆熊（2000）《新编语用学概要》，上海外语教育出版社。

匡小荣（2006）汉语口语交谈中的话语重叠现象，《暨南大学华文学院学报》第2期。

李晓婷（2019）多模态互动与汉语多模态互动研究，《语言教学与研究》第4期。

李先银、石梦侃（2020）合作还是抵抗：汉语自然会话中的话语交叠，《汉语学报》第1期。

李悦娥、范宏雅（2002）《话语分析》，上海外语教育出版社。

刘　虹（2004）《会话结构分析》，北京大学出版社。

王得杏（1998）《英语话语分析与跨文化交际》，北京语言文化大学出版社。

王全智（2002）也谈衔接、连贯与关联，《外语学刊》第2期。

Jefferson, G. (1973) A case of precision timing in ordinary conversation: Overlapped tag-positioned address terms in closing sequences. *Semiotica*, 9(1).

Kendon, A. (1972) Gesticulation and speech: Two aspects of the process of utterance. In Mary R. Key (ed.). *The Relationship of Verbal and Nonverbal Communication*, 207−228. Paris: De Gruyter Mouton.

Li, Xiaoting (2014) Learning and recipient intervening questions in Mandarin conversation. *Journal of Pragmatics*, 67.

Sacks, H., Schegloff, E. A. & Jefferson, G. (1974) A simplest systematics for the organization of turn-taking for conversation. *Language*, 50(4).

Schegloff, E. A. (1985) On some gestures' relation to talk. In Atkinson, J. M. & Heritage, J. (eds.). *Structures of Social Action: Studies in Conversation Analysis*, 266−296. Cambridge: Cambridge University Press.

Schegloff, E. A. (2000) Overlapping talk and the organization of turn-taking for conversation. *Language in Society*, 29.

Wenxian Zhang, Xianyin Li & Wei Zhang (2021) Overlapping as final-item completion in Mandarin conversation. *Chinese Language and Discourse*, 12(1).

作者简介

胡承佼，安徽师范大学文学院副教授，主要从事现代汉语语法研究。Email：chengjiaohu@126.com。

程冰雨，安徽师范大学文学院语言学及应用语言学专业研究生。

国际中文教育学术词语表创建研究

袁 泽

北京大学对外汉语教育学院

提 要 本研究在自建国际中文教育学术文本语料库的基础上,采用最小频率、跨文本分布、离散度、频次比率等指标,创建国际中文教育学术词语表。该词语表共收录了 751 个学术词,对国际中文教育学术文本语料库的覆盖率为 15.8%。从词语表中的词汇分布特征来看,该领域学术词与汉语通用核心词存在交集,学术语域对词汇的意义有一定影响。本词语表的创建旨在帮助该领域汉语学习者提高学术写作的得体性与准确性,并为该领域学术词汇教学提供参考依据。

关键词 学术词汇 国际中文教育 词语表 学术汉语 语料库驱动

一 引言

近年来,来华留学生用汉语进行专业学习及学术研究的需求日益增强。(高增霞、刘福英 2016)对留学生学术汉语写作情况调研的结果表明,汉语学术词汇知识不足是他们学术写作时面临的一大困难,掌握汉语专业词汇是留学生的一项重要需求。(高增霞 2020;李海燕等 2020;周珍洁 2020)就目前汉语学术词汇研究情况来看,多集中于学术文本中某词汇项或语言标记的特征研究。(吴格奇、潘春雷 2010;刘锐等 2021;朱宇、胡晓丹 2021)张赪等(2020)和张博(2022)探讨了汉语学术词汇特征,并根据其特点提出了相关教学建议。以上研究的语料来源大多基于跨学科的通用学术文本,想要对某具体专业领域的学术词汇特点进行更深入的分析,更有针对性地帮助学习者提高学术汉语写作能力,需要基于特定专业的学术语料来开发出该领域的学术词表。

学术词表是为满足学习者需求服务的,其价值主要体现在四个方面:其一,帮助该领域的教师为学生词汇学习设定目标;其二,为开发新的学术词表提供支持;其三,用作词汇测试;其四,服务于其他教学工作,如学术词汇正音、建立学习者中介语学术词表等。(Coxhead 2011)学术词表研究的理论基础是基于使用的语言观:语言知识是在人的生理条件、认知机理和语言事件高频率出现的基础上建构的。其中,词汇常规知识来源于日常遇见的大量、反复出现的语言实例和模式。(严辰松 2010)因此,学习者要习得某个特定领域的学术词,必须频繁接触该领域的真实语料。专业领域学术词表的编制须以该领域的学术语料库为基础。学术词表的建设主要依据语料库语言学的频率驱动理念。(赵志刚 2015)

基于此,在词表研制方法方面,目前国内外创建词表的主要流程可总结为:自建学术文本语料库→设定选词标准→人工干预及词汇筛选→专家复核→定稿。

在学术词表的已有成果方面,Coxhead(2000)创建的学术词表(Academic word list,简称 AWL)在许多国家的学术英语课堂教学、语言测试和教材开发过程中被广泛采用。随后,Gardner & Davies(2014)采用全新方法开发出另一通用学术词语表(Academic vocabulary list,简称 AVL),是目前被学界广泛认可的最具影响力的通用学术英语词表。

Hyland & Tse(2007)调查了通用学术词汇的特征和适用性,指出让学生为学习做好准备的最佳方法,不是寻找普遍适用的(词汇)教学项目,而是了解特定专业领域中的话语特点。他们建议研究者建立以单一学科为基础的、更有针对性的词汇资源库,更具针对性地进行研究。基于这些观点,学术英语领域也已研制出各个领域,如农业、工程学、化学、医学等的专业用途学术词表(Martínez et al. 2009;Ward 2009;Valipour & Nassaji 2013;Lei & Liu 2016)。

在国内相关研究方面,有学者创建了英文专业学术词表,涵盖医学、石油、航海等领域(王京 2006;江淑娟 2010;赵志刚 2015)。在汉语学术词表创建方面,薛蕾(2011)创建了一个总词目为5,187词的汉语语言学学术词表,但该词表仅以频次作为词汇提取标准,并未对"高频词汇"和"学术词汇"做出区分。王笑然、王佶旻(2022)开发出1,454词的经贸类本科专业学术汉语词表。钱隆等(2023)采用目前学界较为先进的选词标准,开发出了医学汉语学术词表。

本研究在语料库建设的基础上,参考国内外的词表开发方法,创建"国际中文教育学术词语表"。该词语表旨在服务于国际中文教育及应用语言学相关领域有学术写作需求的留学生,以及该领域指导留学生进行学术写作的中文教师。

具体研究问题如下:
(1)哪些词能够进入国际中文教育学术词语表?
(2)词语表中收录的词汇具有怎样的分布特征?

二 研究设计

在"国际中文教育学术词语表"的创建方面,本研究基于语料库驱动的方法,参照目前国内外学术词表的创建流程生成词语表。

2.1 自建学术文本语料库

开发词语表的第一步是建立该领域的学术语料库。目前已创建的专业学术词表选取语料的来源主要有两种途径：其一，选取该领域的教材和学术论文共同建立学术语料库；其二，只选取该领域的学术论文。这两种途径对应不同的应用需求。选取教材和学术论文共同作为语料来源的词表，旨在帮助学生进行专业学习，提高相关专业的阅读能力和学术写作能力，服务对象多为预科生与本科生。而选取学术论文作为单一语料来源，能够更具针对性地帮助学生进行学术论文的写作。与此同时，Biber et al.（2004）在研究大学语体中的语块特征时发现，大学语体中的两种书面语——教材和论文，其高频语块在结构分布和功能特征分布上均显示出较大差异。教材默认的交流对象是学生，而学术论文默认的交流对象是学术共同体。从中可以看出，教材与学术论文在语体特征方面的差异性较大。

因此，本研究采用该领域高质量的学术论文作为单一语料来源。我们对《语言教学与研究》《世界汉语教学》《汉语学习》《语言文字应用》和《华文教学与研究》中近15年的国际中文教育领域论文进行等距抽样，建立了300万字规模的学术语料库。上述5类期刊均为该领域的核心期刊，能够确保词汇使用的规范性和准确性。

本语料库下设四个子语料库，分别为汉语本体理论与应用研究语料库、汉语习得与测试研究语料库、汉语教师发展研究语料库，以及汉语教学与课程研究语料库（其中包含文化教学相关内容）。具体的语料分布及容量如表1所示。

表1 国际中文教育学术子语料库分布及容量

语料库		容量
总语料库	国际中文教育学术文本语料库	3,007,384 字
子语料库	汉语本体理论与应用研究语料库	793,023 字
	汉语习得与测试研究语料库	768,500 字
	汉语教师发展研究语料库	630,755 字
	汉语教学与课程研究语料库	815,106 字

2.2 分词处理

语料库构建完成后，我们对语料进行了进一步整理，删除了作者信息、基金项目、图表、注释、参考文献等冗余信息。同时，使用北京大学语言计算与机器学习研究组开发的中文分词工具包（pkuseg）进行分词处理，该工具包词切分颗粒度较细，有较高的分词准确率，支持词性标注。对分词中的个别错误进行校对和修改后，我们最终统计得到

1,983,655词次(word tokens)和63,635词种(word types)(文本中重复出现的词语计为一个词种,各子语料库之间的共有词不重复计入总词种数)。各子语料库分词情况如表2所示。

表2 国际中文教育学术文本分词结果

	汉语本体理论与应用研究语料库	汉语习得与测试研究语料库	汉语教师发展研究语料库	汉语教学与课程研究语料库
词次	549,072	510,208	398,251	526,124
词种数	29,506	23,280	17,741	22,959

2.3 选词标准设定

(1)广泛分布:进入国际中文教育学术词语表的通用学术词,首先要具备跨领域分布特征。由于国际中文教育学术语料库仅有四个子方向,我们将该词语表中收录的学术词汇覆盖率规定为分布在四个子语料库中的三个及以上。

(2)最小频率:进入国际中文教育学术词语表中的学术词应满足"高频出现"的条件。通用学术词表方面,Coxhead(2000)规定词表中收录词汇的最小频率阈值为:在350万词规模的学术文本语料库中最少出现100次,也就是28.57次/百万词。专业学术词表方面,王笑然、王佶旻(2022)规定在120万词规模的语料库中最少出现30次(25次/百万词)。为了使我们的词语表规模控制在一个合适范围内,同时尽可能收录有代表性的学术词,经过反复测试,并参照目前国际学术词表创建的频率标准,规定词汇出现的频率应为30次及以上/百万词。

(3)词语离散度:收录词汇的离散度最小阈值为0.3。该标准旨在保证收录在词语表中的学术词汇均匀平稳地分布在语料库中。计算词语离散度的方法为Juilland's D[①],词语离散度范围从0(极不均匀分布)到1(完美均匀分布)不等。目前学界对词表创建中离散度最小阈值尚无统一标准,D值在0.3(Oakes & Farrow 2007;王笑然、王佶旻2022)、0.6(钱隆等2023)、0.8(Gardner & Davies 2014)之间不等。我们在这个区间进行反复试验,结果发现,在我们的数据中,词语的D值总体偏低,宜选用0.3作为最小阈值。

(4)频次比率:基于对学术词汇的不同认知,学界对于学术文本中广泛、相对均匀分布的高频词的筛选条件,即如何将学术词区别于通用词汇的方法不一。一种观点认为学术词汇与通用词汇完全对立,能够进入学术词表的词汇应具备"专用性"标准,因此创建词表时应将通用高频词排除在外(Coxhead 2000;赵志刚 2015;王笑然、王佶旻 2022)。另一种观点则认为,日常生活中高频出现的通用词也有一定概率会高频出现在学术语域中,且有些高频词在通用语体与学术语体中的词义可能完全不同(刘迪麟、雷蕾 2020)。

因此,在创建学术词表时,不能直接将高频词排除在外,而是采用"频次比率"(ratio)标准(Gardner & Davies 2014;Lei & Liu 2016)。本研究依据后者的观点,采用"频次比率"作为筛选该领域高频学术词汇的标准之一。

"频次比率"标准旨在过滤掉在学术文本中高频出现,同时又不具备学术词属性的通用核心词,如"是""在""可以"等。这些词不同于"加工""合法"等词,前者无论是在任何语域中,其意义和功能都不会发生变化;而后者同时属于通用核心词,但是进入学术语域后,其意义和功能均会产生变化(详细内容见第三节"结果与讨论")。

为此,我们自建了一个 22,512,460 字的非学术文本语料库,语料来源为现当代小说、新闻和百科知识文本。同样经过分词处理及语料清洗后,共计得到 12,613,607 词次和 394,573 词种,其规模是目标语料库(国际中文教育学术文本语料库)的 6 倍左右。参照英语词表对应的频次比率阈值(Gardner & Davies 2014;Lei & Liu 2016),对于那些既在学术文本中高频出现,又在通用语篇(非学术文本)中高频出现的词汇,我们设定入选标准为:在学术文本语料库中出现的频率是较大的非学术文本语料库中的 1.5 倍及以上。

2.4 人工干预

依据上述四项标准,我们对国际中文教育学术语料库进行分词、筛选后,对其进行人工校对与审核。与英语词表开发不同,由于汉语书面语并没有采用分词连写,由机器切分出的组块与汉语学界所定义的"词"有一定程度的出入。选取(或排除)机器切分出的组块完成词语表创建,是人工校对的主要工作。本研究的人工干预主要体现在以下三方面:

(1)排除构词力较强的语素:生成的初版词语表中,有一些在学术文本中常见的语素,如"语""义"等,pkuseg 中文分词工具包也将其作为独立成分划分出来。考虑到这些语素常作为学术词的构成成分,如构成"目的语""母语""义项""含义"等,单独使用较少,我们将这些构词性较强的语素排除在词语表之外。

(2)排除专有名词(人名)和非常用字母词:为了保证本词语表的简洁性与实用性,我们排除人名等专有名词,因为这类词汇在学术写作时属于引用部分,无须刻意学习其含义和用法。同时,我们也排除"VP""p"等非常用字母词,这类词虽在学术文本中高频出现,但并未进入现代汉语词汇体系,因此暂不收录进词语表。而"PPT""HSK"等常用字母词,我们予以保留。

(3)准入部分高频学术短语:对于在学术文本中高频出现,且不适合拆分的语言形式,如"绝大多数""说话人"等,我们予以保留。这些高频学术语块更适合作为整体来学习和使用,同时也能提升学术写作的得体性。本词语表包含此类学术语块共计 25 个。

三 结果与讨论

经过筛选选词标准以及人工校对初版词语表,我们最终确定了 751 词进入"国际中文教育学术词语表"。总体覆盖率方面,该词语表对国际中文教育学术文本语料库的覆盖率为 15.8%,略高于 Coxhead(2000)学术词表(10%)和 Gardner & Davies(2014)学术词表(14%)。同时,该词语表对于我们自建的 22,512,460 字非学术文本(现当代小说、新闻和百科知识)语料库的覆盖率为 2.4%,说明词语表中收录的词汇在国际中文教育学术文本中出现的频率远高于非学术文本中出现的频率,显示出这些学术词汇具有较强的代表性。

3.1 词语表中收录词汇分布特征

3.1.1 词频及跨领域分布特征

词频分布方面,最高频次为 15,432("教学"),最低频次为 60("必要性""词频""让步""文言""优于""诸如")。从总体分布情况来看,绝大多数词分布在低词频段(60—100 和 101—500 词频段),这两组共占本词语表收录词汇的 81.9%。而频率最高(2,000 以上)的词汇数量较少(25 个),仅占本词语表收录词汇的 3.3%,同时却占有最高的总体覆盖率(5.1%)。这说明词语表中收录的词汇在词频方面累计差异较大,符合齐夫定律(Zipf's Law)的分布特征。词的出现频率越高,说明该词越常用,在词语表中位置越靠前,同时具有更高的覆盖率。具体频次分布情况如表 3 所示。

表 3 国际中文教育学术词语表词频分布情况

词频段	60—100	101—500	501—1000	1001—2000	2000 以上
词种数	209	406	70	41	25
词次	16,398	88,697	50,105	57,250	101,536
总体覆盖率	0.8%	4.5%	2.5%	2.9%	5.1%

跨文本分布方面,词语表中收录的词汇同时出现在 4 个子语料库的情况占大多数,共有 585 词,占词语表总数的 77.9%;同时出现在 3 个不同子语料库的词汇有 166 词,占词语表总数的 22.1%。由此可见,词语表中收录的词汇广泛分布在该领域的学术语料库之中。常用词受具体方向的影响较少,更利于国际中文教育专业学生的学习。

3.1.2 常用度等级分布特征

我们将词语表中收录的词汇与《国际中文教育中文水平等级标准》(第二分册·词汇)(以下简称"《标准》词汇表")进行对照和比较,重点考察词语表中收录词汇的常用度分布情况。《标准》词汇表共收录11,092个词语,其中初等(一——三级)2,245个、中等(四—六级)新增后共计3,211个、高等(七—九级)新增后共计5,636个,是国际中文教育进行总体设计、教材编写、课堂教学和课程测试的重要参照,也是编制国际中文教育常用词典及计算机词库的重要参照等。

Bloor & Bloor(1986)曾提出"共核假设"(Common Core Hypothesis):任何语域都有一套占据主导地位的句法与词汇共核,学习者应首先掌握那些构成共核的基础语言项目,再针对具体学科学习目标语言。考虑到国际中文教育专业的来华留学生,他们首先学习的是汉语通用词,而后再学习专业学术词汇,使用《标准》词汇表作为对比和参照,能够有效地发现该领域学术词语表中收录词汇的等级分布特征。其中,初等词汇通常为现代汉语中的通用高频词,是来华留学生应首先掌握的词汇。随着汉语水平的提高,他们应逐渐习得中等、高等词汇。此外,本词语表中还有相当一部分词汇未出现在《标准》词汇表中,此类词汇仅在进行该领域学术阅读和写作时需要掌握。

总体来看,我们发现本词语表所收录的751个词汇中,初等词汇数量最少(118个),未收录进《标准》词汇表词语数量最多(352个),具体等级分布情况如表4所示。

表4 国际中文教育学术词在《标准》词汇表中的分布情况

词汇等级		词种数	占比	示例
初等词汇(118个)	一级	16	2.1%	学生、课文
	二级	40	5.3%	教学、问题
	三级	62	8.3%	教材、能力
中等词汇(157个)	四级	51	6.8%	语法、词汇
	五级	71	9.4%	模式、意识
	六级	35	4.7%	成分、策略
高等词汇(124个)	七—九级	124	16.5%	频率、范畴
未收录词汇(352个)		352	46.9%	习得、语境

基于本研究对于学术词汇的认识,在设定选词标准时,并未将该领域学术词汇与通用词汇完全对立,而是通过"频次比率"标准(出现在该领域学术文本中的词汇频率应为非学术文本的1.5倍及以上),筛选出该领域学术词汇。因此,本词语表中收录的部分词汇也是日常使用汉语时的高频通用词汇。由上表可知,这类词汇占比相对较少(初等词汇占15.7%、中等词汇占20.9%)。还有一部分高等词汇,对于学习者来说难度较大,同时广泛出现在该领域学术文本中,如"效应""反思""呈现"等,占16.5%。而未出现在《标准》词汇表中的词汇,如"构式""母语""偏误"等该领域的专业术语占比最多(46.9%)。

3.1.3 通用学术词汇与专业学术词汇分布特征

目前学界对通用核心词与学术词汇、通用学术词汇与专业学术词汇之间的关系尚无明确定论。Paquot(2010)指出,学术词汇是在学术文本中除通用核心词汇以外使用频率较高的词汇。Nation & Hunston(2013)将学术词汇进一步分类,按照学科用途,学术词汇可分为学术词汇(academic word)(又称"通用学术词汇")和专业词汇(technical word)(又称"专业学术词汇")。前者指进行研究、分析数据和评价结果所使用的词汇;后者指具有语义专门化和语义不变性特征,且无精确同义词的科学知识词汇。张博(2022)则主张将学术语言中的词汇三分为通用词汇、学术词汇和专业词汇,并引用Coxhead & Nation(2001)对于学术词汇的定义:"学术词汇在范围广泛的学术文本中常见,而在非学术文本中通常不那么常见。"张文进一步指出,确定学术词汇需要基于大规模综合性汉语语料库、多领域学术汉语语料库以及分领域学术汉语语料库,考察词语的语域分布以及在不同语料库的频次序位或频次比率,采用合理的通用度计算公式,确定合理的通用度指标。

由于本文的研究范围集中在"国际中文教育"这一单一学术领域,本研究依据Nation & Hunston(2013)的分类标准,将此表中收录的词汇分为通用学术词汇和专业学术词汇。对于通用学术词汇的操作性定义,张和生(2006)指出,学界经过几十年教学和多种语料反复统计、实践后,大体达成了一个词汇量的共识,即3,000词、5,000词和8,000词可以分别作为词汇教学的三个界标。所以我们以《现代汉语常用词表》[②]频序号1—3,000词作为通用学术词汇的选取标准。

经过人工比对筛选,我们共得到133个通用学术词汇(占比17.7%),593个专业学术词汇(占比79.0%),以及25个学术语块(占比3.3%)。具体分布情况及示例详见表5。

表5 通用学术词汇、专业学术词汇和学术语块分布情况及示例

	词种数	占比	示例
通用学术词汇	133	17.7%	模式、特征、文化、方法

续表

	词种数	占比	示例
专业学术词汇	593	79.0%	语体、谓语、声调、界面
学术语块	25	3.3%	初级阶段、跨文化

3.2 学术语域对于词汇意义和功能的影响

为了进一步考察国际中文教育学术语域对于词汇意义的影响,我们对本词语表所收录词汇进行了分析。

词汇意义方面,张博(2022)指出,有些学术词语的意义与通用词语常用义不同,有的学术词语的意义在通用语中很少出现。因此,我们首先考察了词语表中那些通用义(词典义)在该领域学术语域中发生较大变化的词汇(举例详见表6)。

表6 进入该领域学术语域后词典义发生较大变化的词汇[③]

词语	词典义	学术义	学术义举例
加工	①把原材料、半成品等制成成品,或使达到规定的要求。②为使成品更完美、精致而做的各种工作。	大脑对输入信息进行处理。	个体会使用更深层次的信息加工,比如将新知识与现存的知识联系起来。
产出	生产出(产品)。	用口头或书面的形式表达。	浮现语法特别注重搜集和分析实际的、自然产出的口语语料或会话语料。
迁移	离开原来的所在地而另换地点。	学习者在使用第二语言时,借助其他语言的发音、词义、结构规则或习惯来表达思想的现象。	当二语学习者具有加工某种语言结构的能力时,母语迁移才可能发生。
合法	符合法律规定。	符合语法规范。	正是这一点保证了带类指宾语句子的合法性。
情态	神态。	表示主观意图、可能、许可等的语法意义(modal)。	非对称性连动式中一个动词的语义较虚,多表示方向、情态、体态等语法意义。

该领域词典义发生明显变化的学术词汇占比较少。我们认为,逐词分析后加强其学术义与通用义的辨析即可。

本研究发现,学术语域对词义的影响更多体现在核心意义保持不变,但边缘意义发生变化。例如,符淮青(2006)指出,表名物的词义分析可以用"种差＋类"作为词义基本分析框架。在本词语表收录的词汇中,"素养"的词典义为"平日的修养",在该领域学术语域中,其"种差"发生变化,多指"教师的专业水准"。例句:"汉语教师的专业素养和教学技能往往是学界讨论的重中之重"。对于表动作行为的词来说,可以采用谓词性的扩展性词语释义模式,包含对动作行为、行为的主体、特定的关系对象等的种种限制。在本词语表中,"反思"一词的词典释义为"思考过去的事情,从中总结经验教训"。此释义仅包含动作行为本身,而在该学术语域中,进一步明确了行为主体和特定的关系对象。行为主体专指国际中文教师或学习者,行为的关系对象一般为课堂教学情况或个人学习情况。例句:"行动研究能够提高国际中文教师的反思意识和能力""调查学生是否保持对学习效果的自主监控、反思与评价意识"。表性状的词义分析可以用"(适用对象)＋性状特征"的模式作为分析框架。如"显著"的词典义为"非常明显",在该领域学术语域中,它的"适用对象"方面会增加一个限制条件,即"统计学意义上的差别非常明显",且常与"差异"共同出现。例句:"姚双云(2009)讨论了'所以'在书面语和口语中的分布情况,发现'所以'在这两种语体中出现的频率具有显著的差异,口语语体中的使用频率约为书面语体的34倍。"

此类核心意义保持不变、边缘意义发生改变的学术词汇,更能体现出学术语域对于词义的影响,即赋予了该词在特定语篇中的临时义。我们建议利用这些词汇在学术语域中出现的环境,在语篇中强调其学术义。

除了上述两类词汇之外,本词语表中还有一类词汇,对应 Nation & Hunston(2013)对学术词汇分类中的"专业学术词汇",它们是具有语义专门化和语义稳固性特征,且无精确同义词的科学知识词汇,如"构式""宾语""小句"等。我们认为,针对这类词汇,应加强对相似或相关概念的辨析,以保证学生在写作时不会混用,从而提高学术写作的准确性。如"句法"—"语法";"转喻"—"隐喻";"谓词"—"谓语"等。

与此同时,我们发现,本词语表中收录的部分词汇在学术语域中具有元语言功能,体现出学术语域对词汇功能的影响,也反映出学术语域的语体特征。例如,"表明"一词在词典中的意义为"表示清楚",一般与词汇、短语连用,如"表明态度"。但在学术语域中,"表明"作为立场表达的标记,涵盖了作者表达认知判断或情感态度的学术立场(姜峰2023)。在此立场表达功能的基础上,"表明"后不再接词汇、短语,而是作者引用他人的观点来证明自己的观点,或通过某项证据得出自己的结论。如"实验结果表明,名、动、形三者充当修饰语时激活的脑区差异较为显著,尤其在左脑半球,因此,名动存在分离"。词表中同样具有立场表达功能的词汇还有"可知""参看"等。此外,还有表示语篇连接功能的词汇,如"以便",通常用在下半句话的开头,表示使下文所说的目的更容易实现。如"让学生知道使用的语境和表达语义的差异,以便学生能得体使用动量补语"。

五 结语

本研究通过对比分析国内外多个学术词语表的创建理念、功能特色及操作流程,自建国际中文教育学术文本语料库,并通过机器分词、筛选,创建国际中文教育学术词语表。该词语表包含751词,对该领域学术文本覆盖率达15.8%,远高于其对非学术文本语料库的覆盖率(2.4%)。本词语表的服务对象主要为国际中文教育领域的二语学习者,尤其是使用汉语进行学术写作、论文发表、毕业论文撰写等活动的学习者。此外,该词语表还可帮助该领域指导留学生进行学术写作的教师,更有针对性地制订词汇教学计划,发现学习者的词汇使用偏误等。

从词语表中收录词汇的分布特征可以发现,该领域学术词与汉语通用核心词存在交集,学术语域对词汇的意义有一定影响。因此,我们建议教师基于此学术词语表,结合具体的学术语料对该领域学术词汇进行更有针对性的教学活动。此外,在创建词表方面,本研究在频率驱动和广泛分布两项原则基础上,采用了学界较为前沿的选词标准,希望能在一定程度上对其他学科领域的汉语学术词表创建提供借鉴意义。

注 释

① Juilland's D值计算公式可参见 Oakes & Farrow(2007)及 Biber et al. (2016)。
② 该规范(草案)提出了现当代社会生活中比较稳定的、使用频率较高的汉语普通话常用词语56,008个,给出了词语的词形,可供中小学语文教学、扫盲教育、汉语教育、中文信息处理和辞书编纂等方面参考、采用。
③ 本文中所引用的词典义均来自《现代汉语词典》(第7版);学术义举例语料均来自自建国际中文教育学术文本语料库。

参考文献

符淮青(2006)《词义的分析和描写》,外语教学与研究出版社。
高增霞(2020)留学生研究生汉语学术论文写作需求及能力调查,《云南师范大学学报(对外汉语教学与研究版)》第6期。
高增霞、刘福英(2016)论学术汉语在对外汉语教学中的重要性,《云南师范大学学报(对外汉语教学与研究版)》第 2 期。

江淑娟(2010)石油英语学术词汇表创建研究,《西南石油大学学报(社会科学版)》第 6 期。

姜　峰(2023)英汉学术语篇修辞渲染的跨学科历时研究,《外语与外语教学》第 1 期。

李海燕、张文贤、辛　平(2020)本科留学生学术汉语写作课需求调查与课程建设——以北京大学本科留学生学术汉语写作通选课为例,《国际汉语教育(中英文)》第 1 期。

刘迪麟、雷　蕾(2020)学术词表研究综述,《外语教学》第 2 期。

刘　锐、黄启庆、王　珊(2021)汉语学术语篇转述标记的形式、功能与分布,《当代修辞学》第 6 期。

钱　隆、袁亮杰、王治敏(2023)学科融合视域下医学汉语学术词表的构建,《云南师范大学学报(对外汉语教学与研究版)》第 3 期。

王　京(2006)《基于医学研究论文语料库的医学学术词表的构建》,第四军医大学硕士学位论文。

王笑然、王佶旻(2022)经贸类本科专业学术汉语词表研究,《语言教学与研究》第 4 期。

吴格奇、潘春雷(2010)汉语学术论文中作者立场标记语研究,《语言教学与研究》第 3 期。

《现代汉语常用词表》课题组(2008)《现代汉语常用词表(草案)》,商务印书馆。

薛　蕾(2011)《基于汉语语言学论文语料库的学术汉语词汇析取及特征研究》,云南师范大学硕士学位论文。

严辰松(2010)语言使用建构语言知识——基于使用的语言观概述,《解放军外国语学院学报》第 6 期。

张　博(2022)学术汉语词汇的主要特点及教学策略,《世界汉语教学》第 4 期。

张　赪、李加赞、申盛夏(2020)学术汉语的词汇使用特征研究,《语言教学与研究》第 6 期。

张和生(2016)外国学生汉语词汇学习状况计量研究,《世界汉语教学》第 1 期。

赵志刚(2015)专门用途英语学术词表创建研究——以航海英语为例,《重庆交通大学学报(社会科学版)》第 6 期。

周珍洁(2020)《留学生学术汉语课程需求调查与分析》,云南师范大学硕士学位论文。

朱　宇、胡晓丹(2021)汉语连词在不同学术语域的聚合:中文多维度定量分析,《语言教学与研究》第 2 期。

Biber, D., Conrad, S. & Cortes, V. (2004) If you look at …: Lexical bundles in university teaching and textbooks. *Applied Linguistics*, 25(3).

Biber, D., Reppen, R., Schnur, E. & Ghanem, R. (2016) On the (non) utility of Juilland's D to measure lexical dispersion in large corpora. *International Journal of Corpus Linguistics*, 21(4).

Bloor, M. & Bloor, T. (1986) Languages for specific purposes: Practice and theory. *CLCS Occasional Papers*, No.19. Dublin: Trinity College.

Coxhead, A. (2000) A new academic word list. *TESOL Quarterly*, 34(2).

Coxhead, A. (2011) The academic word list 10 years on: Research and teaching implications. *TESOL Quarterly*, 45(2).

Coxhead, A. & Nation, P. (2001) The specialised vocabulary of English for academic purposes. In Flowerdew, J. & Peacock, M. (eds.). *Research Perspectives on English for Academic Purposes*.

Cambridge:Cambridge University Press.

Gardner, D. & Davies, M. (2014) A new academic vocabulary List. *Applied Linguistics*, 35(3).

Hyland, K. & Tse, P. (2007) Is there an "academic vocabulary"? *TESOL Quarterly*, 41(2).

Lei, L. & Liu, D. (2016) A new medical academic word list: A corpus-based study with enhanced methodology. *Journal of English for Academic Purposes*, 22.

Martínez, I. A., Beck, S. C. & Panza, C. B. (2009) Academic vocabulary in agriculture research articles: A corpus-based study. *English for Specific Purposes*, 28 (3).

Nation, I. S. P. & Hunston, S. (2013) *Learning Vocabulary in Another Language*. Cambridge: Cambridge University Press.

Oakes, M. P. & Farrow, M. (2007) Use of the chi-squared test to examine vocabulary differences in English language corpora representing seven different countries. *Literary and linguistic computing*, 22 (1).

Paquot, M. (2010) *Academic Vocabulary in Learner Writing: From Extraction to Analysis*. London: Continuum.

Valipouri, L. & Nassaji, H. (2013) A corpus-based study of academic vocabulary in chemistry research articles. *Journal of English for Academic Purposes*, 12 (4).

Ward, J. (2009) A basic engineering English word list for less proficient foundation engineering undergraduates. *English for Specific Purposes*, 28(3).

作者简介

袁泽,北京大学在读博士研究生,研究方向:语料库语言学、第二语言习得。

国际中文线上教学研究述评与展望

吕意意

青岛大学

提　要　本文采用内容分析法,从发展趋势、研究内容、研究方法三方面梳理了2013年以来发表的有关国际中文线上教学的重要论文。分析结果显示:(1)从增幅看,九年间国际中文线上教学的研究增长了30倍之多;(2)从内容看,主要集中于教学模式、教学平台、教学特点三个方面,这些研究领域在各个时期均有涉及,且研究呈具体化发展,教材、教师能力、学生需求等方面的研究略显不足;(3)从方法看,呈现了由定性研究到定性为主、定量为辅的转向。本研究有利于国际中文教育同人了解当前线上教学发展的趋势,包括前人提出的创新点以及研究过程中尚存的一些不足,通过总结,给予未来研究者一些启示,促进国际中文教学能够稳定且长足发展。

关键词　国际中文教育　线上教学　发展趋势　研究方法

一　引言

"线上教学"抑或是"网络教学"是基于互联网的教学行为,康思雨(2020)对"远程教学/远程教育"和"线上教学"的关系进行了探究,虽然线上教学属于远程教学的一种类型,但存在很大不同。故本文不对"远程教育"做具体分析,只梳理"线上教学"的发展脉络。线上教学虽然是应对疫情的无奈之举,但有着良好的教学效果,而且互联网技术给教学带来了经济性和便利性,到现在线上教学仍具有应用价值,是一种可以在未来国际中文推广乃至我国对外开放教育工作中发挥重要作用的高效教学形式。鉴于此,本文以国际中文线上教学为主题的论文为分析对象,梳理和评述国际中文线上教学的发展脉络,归纳研究内容,呈现研究特点和趋势,以期为未来国际中文线上教学的研究与实践提供建议和启示,从而更好地助推我国国际中文线上教学的发展。

二 研究设计

2.1 研究问题

本文尝试回答以下问题：

(1)国际中文线上教学的总体研究趋势如何？

(2)国际中文线上教学采用了哪些研究方法？

(3)国际中文线上教学研究的发现有哪些？

(4)国际中文线上教学研究中存在哪些问题？未来的发展如何？

2.2 文献来源

通过中文数据库"中国知网"进行检索，检索方法是将篇名(词)或关键词限定为"对外汉语""线上"，检索结果显示，最早的一篇文章发表于2013年，故本文以2013—2021年为发文时段，检索范围为论文、期刊，获得检索结果238篇。二次检索在一次检索的基础上增加"教学"这一条件，获得检索结果195篇。通过全文浏览和摘要阅读，除去与国际中文线上教学无关的论文，最终获得178篇。

三 结果分析

3.1 总体趋势

线上教学需要互联网的支持。1994年，中国获批加入互联网，随即开始了中国互联网的发展之路。国际中文线上教学起步较晚，属于新兴研究领域。2013—2021年发文量分析结果显示，国际中文线上教学的研究数量呈逐年上升趋势(如图1)。

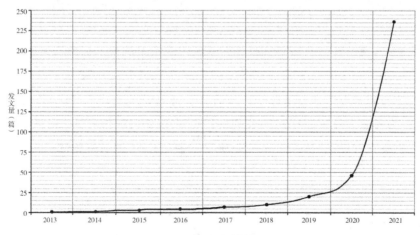

图1 论文发表年度趋势

按照不同时期的发文量,本研究大致分为三个阶段:

第一阶段(2013—2015)为萌芽阶段。这一阶段学者对线上教学的研究刚刚起步,发表的论文数量不多,合计发文4篇,年均发文1篇。

第二阶段(2016—2019)为发展阶段。网络进入飞速发展阶段,中国在国际上的地位显著提高,学习汉语的人越来越多。加之,2015年,国务院推进"互联网+"行动计划,研究者开始对"互联网+教育"展开研究,逐步探索线上教学模式。2016年发文量为5篇,较之前三年发文量总和还要多。这一阶段合计发文40篇,年均发文10篇。

第三阶段(2020—2021)为蓬勃阶段。在前一阶段互联网发展的基础之上,2020年发生的疫情迫使教育工作者不得不将教育阵地转移至线上,对于许多老师来说,这是一个全新的领域,即便是经验丰富的老师也会遇到许多问题,随之引发的思考也接踵而来,因此在大环境的影响下,这一阶段的研究呈井喷式增长,截至2021年合计发文134篇,年均发文67篇。

3.2 研究方法由定性向定性定量相结合发展

萌芽阶段的研究数量不多,这段时间主要采用定性研究对教学模式和教学方法如何促进国际中文线上教学进行了研究。例如钱颖(2013)一文通过对比分析和问卷调查,发现任务型教学法在克服线上教学的部分弊端上优于传统教学法。其余两篇分析研究了O2O教学模式、线上与线下混合教学模式在国际中文线上教学中的应用,虽然只是一些观点性的文章,并没有通过实践证明某种模式的有效性,但我们可以将其看为线上教学研究思想的萌芽,为后续的研究奠定了一定的基础。

进入发展阶段后,线上教学得到教师的重视,越来越多的教师尝试这种新的教学方式。这一阶段,主要是基于不同的理论框架,采用课堂观察法、访谈法、问卷法等对不同的网络平台和教学模式的应用进行了较多的定性研究。大多是对现有的平台进行优缺点分析并提出建议,其次是对教学模式、教学策略展开研究。部分研究者采用了定性研究中的个案研究,通过教学实践验证某种教学模式或策略的优缺点并提出改进的方法。

蓬勃阶段的研究以定性为主,研究者将自己作为研究工具,在教学过程中采用多种资料收集的方法对学生的学习情况和教师的教学情况进行整体性研究,通过与研究对象互动,对其行为和意义建构获得解释性理解。但研究缺少数据支撑,缺少一定的说服力和解释力。有研究者意识到问题所在,开始逐步使用定性和定量相结合的方法,共有论文16篇(占13.2%)。

3.3 研究内容与主题

3.3.1 萌芽阶段

这一阶段共有5篇论文,研究内容主要涵盖线上教学的特点、优势以及教学模式。

线上学习不受时空限制,可以实现汉语学习的国际化与终身化,为世界各地汉语爱好者提供了便利。但线上教学与传统的课堂教学不同,它有着独特的特点及优势,郝红艳(2013)全面、详细地进行了分析,认为线上教学有着丰富的教学资源,是一种交互式教学;可以重复观看学习视频;学习过程中,学生可以充分调动多种感官提高学习效率;而且线上教学也是实施个别化教育的最有效途径。优势需要结合方法才能够发挥最大作用,余江英、朱立韬(2014)在易学网上线后,首次探讨了整合线上和线下的 O2O 模式在对外汉语线上教学中的应用,认为 O2O 模式能够为汉语学习者提供个性化学习服务。

3.3.2 发展阶段

进入发展阶段后,研究者重点关注教学模式、教学平台等问题。

第一,教学模式的研究。此阶段研究者开始结合实践深入研究不同的教学模式在教学过程中的可行性。2012 年,翻转课堂首次引入中国,随即国际中文领域也开始尝试,此模式将一堂完整的课分为线上和线下两部分,构建了线上与线下的混合教学模式,以学生为主体,提高学生的自主学习中文的能力,通常情况下教师和学生身处同一国家。余美瑾(2017)首次研究了师生身处异国,且没有语言环境的海外汉语学习者如何借助线上翻转模式高效学习中文。这促使汉语教师思考跨国线上学习除直播课程外,还可以创造出更多的学习方式。同属混合模式的还有 SPOC 模式,王堃瑛(2019)参考了国内语言类教学的常规模式,基于 SPOC 模式设计了五步教学法,并展示了具体教学流程。该文较早地详细分析 SPOC 模式在国际中文教学领域的应用,从理论和实践两方面证实了 SPOC 五步教学法在中高级汉语综合课的适用性。网络的迅速发展给国际中文教学带来了巨大的契机,此阶段教师开始充分利用网络弥补传统课堂的不足,其目的为提高教学质量、提高学生学习效果。

第二,教学平台的研究。教学平台是线上教学最重要的教学工具,现存的网上教学平台鱼龙混杂,功能各异且稳定性有待提高,老师和学生在上课期间会遇到各种各样的问题,浪费课堂时间,影响教师和学生的心态,从而影响教学。进入发展阶段后,研究者们逐渐关注到了这一问题,共有论文 10 篇(占 25.6%)。多数研究者对国内现存平台进行对比研究,分析其优缺点,继而提出新的平台设计展望。或者是基于某种模式设计一个平台,例如胡珍莹等(2016)设计了基于翻转课堂教学模式的线上汉语教学平台,但应用范围比较受限。俞馨莹(2018)另辟蹊径,分析了国内发展较好的英语学习平台 51TALK 和 VIPKID,由于语言学习既有相同之处,又有不同之处,因此研究者可以从英语学习网站寻找可借鉴之处,促进国际中文线上平台的建设和发展。这也给后面的研究者以启示,起步较晚的国际中文线上平台可以从其他成熟领域借鉴优秀而宝贵的经验。

该阶段,教学模式、教学平台的研究成果比较丰富,也有一定的研究深度。少数学者开始关注教师能力、教材的研究,宋晖、谭紫格(2018)对在线教学的教材、教师、教法问题进行了全面分析,包括前人没有意识到的线上师生关系问题,以及缺乏相应的短时长教材、教材的版权问题和二次开发问题,同时从宏观、中观、微观方面对"三教"问题的建设提出了建议。

3.3.3 蓬勃阶段

2020年年初,疫情的暴发使得教师开始大规模地进行线上教学,从而开始思考如何利用网络实现教学效果最优化,这一时期主要集中于教学模式、具体课型、线上平台、教学特点的研究,较少涉及线上教材、学生需求、教师能力方面的研究。

第一,教学模式由整体分析向分课型研究发展。此阶段中,关于教学模式、教学法的研究仍然是占比最大的,共39篇(占33.3%)。疫情期间与之前比较,一个最大的不同是留学生散布在世界各地,存在不同时差,线上课程难以正常开展。此时,国际中文教师面临的一个亟待解决的问题就是,采取哪种模式才能使线上教学的效果最优化。对此,王瑞烽(2020)通过调查,对比分析了高校最常用的三种线上授课模式:直播模式、录播模式及录播直播并用模式。这里提到的录播直播并用模式是一种新型线上授课模式,综合了直播、录播模式的优点,发挥了各自的优势。文章指出将提前录制好的视频插入线上教学直播过程中,更适合线上中文教学。这为国际中文教师带来新的启发,结合录播、直播的特点,设计出更多的线上融合模式。此后,线上融合、混合模式的研究逐渐增多,研究者们开始针对此模式进行深化,基于不同的条件进行研究,例如融合模式下不同部分的时间分配、师生和生生互动等问题。

国际中文教学包括听力、口语、阅读、写作、汉字、综合等课型。不同课型中,研究比重也各不相同。按照研究数量由多到少,分别是口语、综合、汉字、听力、阅读、写作。口语课的研究最多,主要因为借助网络进行线上教学,口语操练便于进行,教师设计好情境,在网络畅通的情况下能够取得较好的教学效果。在进行听说训练的过程中,师生互动也是决定学生学习效果的一个重要因素,覃碧月(2021)根据多元互动教学模式的实质及汉语口语线上课的特点,提出了"互动社区"这一概念,包括"异时课互动社区""共时课互动社区"和"课后互动社区",将两大主体教师、学生及教学终端这一客体有机地融合在一起,加上多种提高师生互动的手段,为线上互动提供了新的可行思路。线上教学中,若认为听说课是比较容易实施的,汉字教学则应是研究者眼中棘手的问题。即便是传统的线下教学,汉字也是汉语学习的一大难点,进入线上教学后,汉字教学给教师带来了更大的挑战。古青云(2020)利用SKYPE实施了两轮汉字教学的行动研究,取得了一定的成效,证明汉字学习与汉字文化的基础知识结合能够激发学习者的学习兴趣,因此教师应掌握多种汉字学习软件或者平台,找到适合学生的工具并充分利用。汉字学习虽然是一大难题,但一定也是可以解决的困难,比如充分利用网络工具找到适合学生的学习方式。

第二,线上教学平台研究从已有平台的研究转向模拟平台的构建。疫情发生以后,由于专用于国际中文的教学平台比较少,大部分教师依靠通用性教学平台进行线上授课。在使用的过程中,教师会发现各平台与国际中文教学的适配度各不相同,包括权限、课程录制、视频发布、信息搜集等方面存在很大差异。不同的平台各有其独特的优势和不足,陈婕(2021)对 8 款常用汉语教学平台进行对比分析和问卷调查,结果显示雨课堂更有优势,如互动形式更加多样、反馈追踪的数据分析更加细致等,其他平台也在某些方面具有一定优势。因为线上教学的整个过程不会只在一个平台上完成,过多平台之间的转换会给师生带来操作上的负担,因此薛宇(2020)建议同时使用的平台数量不超过 3个。针对以上研究,研究者们可以大胆设想一下,结合常用平台的优势,设计出一个专用于国际中文教学的大平台。虽然各平台都有课堂模式,但国际中文教学作为特殊的语言教学,有着和普通课堂不同的需求,如发音演示、汉字教学展示、语言点的情景化操练、作业反馈等,这些在现有的通用平台上实现不了。另外,顾珈瑷(2020)还提出了建设留学生汉语写作批改平台的构想,依托汉语数据库,借鉴"句酷网"模式,根据中文特点设定分数的计算方法与规则,从而实现产教融合的深化,提高教师工作效率。

第三,教材与教师能力的研究。教师与教材是"三教"中的重要组成部分。教材是教学之本,疫情发生突然,采用线上教学后没有能与之相适应的线上教材,使用的多是纸质教材的电子版或扫描版,王建勤(2000)称之为"课本搬家"。但线上教学与线下教学存在很大的不同,教师不应仅将网络看作是信息的载体,而应该是一个新的学习环境。吴琛、刁小卫(2021)建议线上教材编写应遵循知识性和教学性相统一的原则,向一线国际中文教师约稿,一线教师在上课过程中,会通过实践总结出适合教学的经验,并且可以针对不同国别的教学对象设计专门的教材,开通反馈专栏,不断改进数字教材。除此之外,教材的编写并非一朝一夕能够完成,现阶段国际中文教师不应固守现有教材的形式,可灵活地对教材内容进行改编,以适应线上教学的需求,正如王亚楠(2020)从教材原有的 30 个话题中去除与生活关联度低、实用性差的内容,加入当代热门话题,最终整合为 10 个话题,使教材更具有可操作性和实用性。在线上教材缺乏之时,此方法不失为一个好方法,因为教材是固定的,但教师的思维、想法、创造力却是变化和发展的,正符合学生对中国社会现状的学习需求。

教师是学生学习过程的引导者、启发者。疫情暴发前,许多教师并未接触过线上教学。疫情暴发后,学校对教师进行线上授课的课前培训,这些培训大多是针对平台使用方法的介绍,而其他诸如教学方法、线上课堂管理等方面则需教师自己摸索,因此教师的能力都是在不断的实践过程中得以提升的。就目前调查研究来看,国际中文教育专业硕士在经过两年的专业知识学习之后,掌握了大量的理论知识,但这些理论知识多是用于线下课堂的,且缺少实践。吴冬(2020)对汉语国际教育硕士线上中文教学能力进行了问卷调查,总结了汉教硕士的学习需求以及在教学过程中遇到的问题,并由此提出能够提高线上国际中文教学能力的三个方面:优化课程结构、加强校企合作,以及学生自身发挥主观能动性。不管是硕士生还是本科生,经过系统的学习,其学科知识运用能力比较强,但还存在远程教学经验不足、教师角色转换不佳、教学内容脱离学生实际等问题。国际中文教育专业学生是未来国际中文教学领域的主力军,此研究从学生角度出发,关注国际中文教育专业学生学习需求,为学科建设提供了建议。

四 研究局限与展望

国际中文线上教学目前正处于飞速发展阶段,由于研究时间短,实践经验尚且不足,因此存在一些局限,亟待改进提升。

国际中文线上教学的研究较多采用定性研究,通过访谈、观察笔记、个案研究等方法收集真实数据,就某一问题进行深刻的解释性分析,但调查的范围普遍比较小,对数据的解释主观化,研究结论缺乏普遍适用性。未来应扩大研究范围,采用更多的定性研究方法,进行更深入、更有针对性的研究。虽然部分研究采用了定量研究,但这类研究较少,所做的数据分析通常也只是内容上的分析。定性和定量不是相互排斥、相互对立的,两者各有其特点,在未来的研究中,可以结合两者的优势,弥补两者的不足,使实验结果既有基于大数据的规律性统计分析,又有充分的理论支撑,从而使研究结论更有说服力和解释力。

教学内容的研究主要围绕教学模式、教学平台、教学特点等展开,对教材、教师能力等问题关注不足。首先,教材的研发问题并非短时间内能够解决的,如何设计科学性、多元化、针对性强的线上教材,如何利用互联网平台和语料库等构建教学资源库,是未来线上教学需要探讨的问题。其次,线上教学过程中,教师的能力参差不齐。21世纪是互联网的时代,能够利用网络及现代化教具进行教学是每一个国际中文教师的技能,现任教师以及国际中文教育专业学生的线上教学能力的培养是一个值得探究的课题。

五 结语

本文尝试从发展趋势、研究内容、研究方法三方面描绘了国际中文线上教学的现状,将国际中文线上教学的研究分为三个阶段:萌芽阶段、发展阶段和蓬勃阶段。萌芽和发展阶段基于"互联网+"的背景发展,萌芽阶段虽然文章较少,但研究者已经意识到线上教学对国际中文教学的发展具有重要意义,学者们逐渐开始关注线上教学。发展阶段重点关注了教学的模式和重要教学平台,对教师能力和教材的研究较少。蓬勃阶段主要受疫情影响,线上教学的问题逐渐显现,研究越来越细化,如基于某平台、某教学方法、某课型的具体研究,但教师发展、线上适配教材研发、汉语学习者学习需求等方面的研究依然不足。研究方法也从最开始的定性研究逐渐向定性与定量相结合发展,但是已有研究中,针对某一问题的研究的范围比较小,缺少大数据的支持,无法得出普遍性规律。5G时代的到来,AI技术的应用,促使教育与线上的关系越来越密切,未来线上教学定会占有重要地位。研究者应抓住现在的机遇,积极推动国际中文教学的发展。

参考文献

常桂兰(2020)高校"线上+线下"混合式对外汉语教学研究,《长春大学学报(自然科学版)》第10期。

陈　婕(2021)《国际中文线上教学平台与网络教学工具的应用研究》,广州大学硕士学位论文。

陈艺媛(2020)学习通的支架式教学模式在对外汉语综合课教学中的应用,《文教资料》第35期。

杜　冰(2018)"互联网+"时代对外汉语教学O2O地域文化渗透模式研究,《华北理工大学学报(社会科学版)》第6期。

古青云(2020)《面向匈牙利初级汉语学习者的汉字在线教学行动研究——以塞格德Radnóti高中九年级汉语学习者为例》,上海外国语大学硕士学位论文。

顾珈瑷(2020)加快留学生汉语写作批改平台建设的构想,《广西教育》第2期。

韩欣楠、陈佳尔、于蓝婷(2020)浅论疫情期间对外汉语线上教学,《文学教育(上)》第8期。

郝红艳(2013)汉语国际化与网络汉语教学,《天中学刊》第2期。

胡珍莹、杨传斌、张　瀛(2016)基于翻转课堂的对外汉语学习平台的设计,《现代语文(语言研究版)》第12期。

康思雨(2020)《对海外汉语线上教学课堂活动的考察》,北京外国语大学硕士学位论文。

李　蓉(2020)新冠疫情下对外汉语线上教学的探索与实践——以"综合汉语"课程为例,《山西能源学院学报》第6期。

李　颖(2021)线上线下融合式教学构建设计——以对外汉语课程为例,《科技文汇(上旬刊)》第1期。

李宇明等(2020)"新冠疫情下的汉语国际教育:挑战与对策"大家谈(上),《语言教学与研究》第4期。

柳宛伶(2020)《职前汉语教师一对一线上教学能力调查与分析——以厦门中学西渐信息科技有限公司为例》,华侨大学硕士学位论文。

吕军伟、张丽维(2017)基于"互联网+"的汉语国际教育在线互动教学平台建设现状研究,《前沿》第8期。

马　蕊(2016)《基于国内对外汉语网络教学平台的研究》,西安外国语大学硕士学位论文。

马云逸等(2020)"对外汉语"网络学习平台调查研究:问题与对策,《内江科技》第3期。

母芮娜、徐心三、谢　源(2021)新时期对外汉语汉字书写线上教学探究,《教育信息化论坛》第3期。

钱菂妍(2021)《基于线上翻转的对外汉语初级阅读课教学设计》,上海外国语大学硕士学位论文。
钱　颖(2013)目标任务型教学法在线上华语教学中的应用,《长江学术》第1期。
覃碧月(2021)《多元互动模式下汉语中级口语线上教学研究》,上海外国语大学硕士学位论文。
商秀春(2019)"后MOOC"时代对外汉语SPOC混合教学模式探析,《教书育人(高教论坛)》第30期。
宋　晖、谭紫格(2018)对外汉语在线教学的"三教"问题,《国际汉语教育(中英文)》第2期。
王建勤(2000)对外汉语教材现代化刍议,《语言文字应用》第2期。
王堃瑛(2019)《基于SPOC五频教学法的中高级阶段留学生汉语综合课教学研究与实践》,辽宁大学硕士学位论文。
王瑞烽(2020)疫情防控期间汉语技能课线上教学模式分析,《世界汉语教学》第3期。
王思梦(2020)《基于SPOC五步教学理论的中高级对外汉语综合课教学设计——以〈博雅汉语·中级冲刺篇〉第三课〈闲说北京人〉为例》,安阳师范大学硕士学位论文。
王亚楠(2020)SPOC模式下初级汉语听力课的混合式教学设计,《中国教育信息化》第14期。
王衍萍(2020)《汉语国际教育线上线下相结合教学模式的研究——以文化类课程为例》,哈尔滨师范大学硕士学位论文。
吴　琛、刁小卫(2021)疫情下对外汉语线上教学的思考与探究,《文化产业》第2期。
吴　冬(2020)《汉语国际教育硕士线上对外汉语教学能力调查研究》,湖北工业大学硕士学位论文。
薛　宇(2020)浅谈对外汉语线上教学模式利与弊,《中国多媒体与网络教学学报(下旬刊)》第6期。
余江英、朱立韬(2014)O2O模式在数字化对外汉语教学中的应用设计,《数字化汉语教学》,52－58页,清华大学出版社。
余美瑾(2017)《翻转课堂教学模式在初级汉语口语课堂教学中的应用》,吉林华桥外国语学院硕士学位论文。
俞馨莹(2018)《对外汉语网络教学平台的分析研究》,苏州大学硕士学位论文。
章　欣、李晓琪(2017)汉语网络教学教师培训研究,《语言教学与研究》第3期。
张江慧(2020)《SPOC模式下对外汉语线上教学与线下教学互动机制研究》,兰州大学硕士学位论文。
张　洁(2019)高校对外汉语综合课混合教学模式研究,《吉林省教育学院学报》第8期。
张　瑞(2017)互联网时代下汉语网络教材研发初探,《教育现代化》第25期。

作者简介

吕意意,青岛大学研究生。Email:15054258585@163.com。

汉语慕课 Chinese for Beginners 的虚拟现实设计

刘晓雨

北京大学对外汉语教育学院

提　要　慕课具有大规模、开放和在线的优势,在打破空间和时间限制方面,为学习者提供了更多的学习机会,但在互动性和即时反馈方面的问题没有得到很好的解决,因此一直引起关注和思考。在理论研究和收集学习者需求的基础上,中外团队合作,对 Chinese for Beginners 慕课进行了虚拟现实技术设计,旨在提高互动性和即时反馈,进一步为学习者提供帮助,同时尽量还原语言习得的环境,增强学习者对目的语语境的体验。本文对设计的目标、体验形式、任务等级设置、建模对象和环境、体验机制、所遇问题等方面进行了详细的说明和分析,为相关理论研究和实践探索提供参考。

关键词　汉语　慕课　虚拟现实技术

Chinese for Beginners 是北京大学建课团队专为零起点学习者打造的汉语入门课程,2014 年 9 月在 Coursera 平台[①]上线发布,是当时该平台上第一门中文语言课,也是国内第一门面向全球以培养交际能力为目的的汉语语言慕课。课程以学习听说为主,从真实生活场景中精选七个话题,包括个人信息、饮食、时间、购物、居住环境、健康、爱好,安排了七个单元的教学内容,每单元四课,每课教学视频不超过 5 分钟。通过教学视频、课后练习和知识链接,帮助学习者了解和掌握汉语普通话的基本语音、基本句子结构,疑问、肯定、否定的使用形式,以及与话题相关的近 200 个词语。采用拼音输入,不涉及汉字,授课语言为英语,平台提供了 18 个语种的字幕。自上线以后,学习者逐渐遍布全球200 多个国家和地区。根据课程后台数据显示,截至 2023 年 3 月,平台注册学习人数超过了 110 万,平台评分 4.8 星,高于平台所有课程 4.7 星的平均分。

一　虚拟现实设计的宗旨

课程发布以来,学习者对课程的积极反馈主要有:"这是关于汉语口语的基础课程,帮助我开始了我一直感兴趣的汉语学习""课程容易跟上和完成,不需要学习汉字""老师

的讲解和示范非常清楚"等,说明课程的内容、容量和授课方法契合了学习者的需求。同时建课团队也发现了一些问题,包括:

(1)发音:"看课程视频,(只能)在屏幕上看到拼音,(听到)老师发音,(然后)学习者重复,(但)得不到反馈""有时老师强调正确/不正确的发音,但是我感觉不到自己是否有问题"。

(2)测试:"(通过)大量的听力音频,(做)多项客观选择,可以获取知识,但语言输出不足,无法锻炼语言能力"。

(3)阅读链接:"(链接内容)设定了背景,但没有音像等立体感知,无法想象(内容)和建立(内容间的)联系"。

(4)拓展练习:"(练习要求)用中文说这段对话/回答这些问题/写自己的对话,没有关于发音、用词、语法的反馈"。

(5)自学:"(课下只能)重复单元几个视频中的部分内容,(但)这些部分有关操练,特别重要,也通常是困难的,(练习)效果无从反映"。

这些问题既涉及语音、词汇、句型方面的知识,也关系到听说方面的技能,还关涉社会文化环境,主要集中在知识感知、练习反馈、学习环境体验的不足上。问题的产生,部分原因是由慕课的性质和形式本身带来的。作为"大规模""开放性"的慕课(Massive Open Online Course),让学习者有更多的学习机会和在学习目标、进度、方式、时间和地点等方面的自主选择,但如何提高学习深度和效度、增强教和学的互动性、提高完成率,一直是其受到质疑和希望研究解决的问题。虽然 Chinese for Beginners 设计了完成周期,但完成的进度、学习方式、是否完成全部测试获得成绩和证书则由学习者自主决定,属于由学习者自我发起、调控和负责的非正式学习或者说自主学习。虽然有一些学校或组织把该课程作为教学资源的一部分,但大部分学习者还是在工作、生活、社交等非正式学习的时间和地点进行的,在环境、支持、时间和目标等方面的计划性和组织程度较低。不过,也正因如此,如果学习内容和方式能进一步融入生活,习得将更自然地发生,学习的兴趣和意义也将更大。

因此,2022 年 Coursera 平台与北京大学建课团队及 Facebook 技术团队合作,利用虚拟现实技术对 Chinese for Beginners 进行设计,希望通过项目研发,从音调感知、即时反馈、沉浸式学习环境体验方面,将这门比较成熟、反响良好的经典慕课做进一步的提升。

二 设计目标和实施

语言是人类交际的工具,理想的语言学习应该发生在目的语环境中,这样学习者可以获得充足的输入和输出场景,并与交际对方产生互动,在不断接收和使用语言时得到即时的反馈。但在实际情况中,由于时间和空间的限制,能够在目的语环境中学习的学习者相对来说是比较少的。VR 技术从诞生以来,经过几代的更新改进,其模拟的环境的真实性与现实世界越来越接近,逐渐可以使人们在虚拟的现实世界中体验到真实的感受。技术的发展也让虚拟的现实基本具有人类所拥有的全部感知功能,如听觉、视觉、触觉、味觉、嗅觉等,所以如今被越来越多的人和领域接受并广泛应用。在教育领域,VR 技术已经成为促进教育发展的新型手段,为建构主义学习理论、体验式学习理论和人本主义教育观应用到教学实践中提供了技术支持。对 VR 教育应用案例的分析表明,VR 有七大教育功能:体验、探究、训练、矫正、交流、创作、游戏(张志祯 2016),可以帮助学习者打造生动逼真的学习环境,使学生通过真实感受来增强记忆。而虚拟环境又与真实环境有所区别,属于低焦虑环境,有助于降低情感过滤,能在一定程度上缓解学习者的焦虑感,增强表达自信,有助于其交际能力的发展。因此,利用 VR 技术来促进线上学习者进行自主学习更容易被学习者接受,沉浸式的体验对于激发内在动机、增强在线学习的效能感也有很大好处。具体到语言学习,VR 技术通过语音识别、单人或多人互动、智能重复、三维虚拟环境等手段,支持语音、词汇、语法、文化等语言要素的教学设计,帮助学习者利用应用程序,学习和掌握诸如正确的发音、需要的词汇、适当的语法结构、得体的表达等,在真实的互动场景和逼真的沉浸感中,通过探索来锻炼自己的语言社交能力,并发现自己在某方面的问题,从而建立自己的语言能力,这是符合语言和语言学习的本质的。另外,对本慕课超过百万数量的学习者来说,也可以节约时间和空间上的成本,一定程度上弥补只有少数学生能够享有留学体验的缺憾。

为使技术更好地服务于课程,项目团队收集了学习者对 VR 课程的需求。这些需求包括"希望(通过反馈)在离开这门课程时,对汉语的发音感到舒适和自信""对 VR 技术帮助学习者以新的方式对语调和发音进行互动的潜力感到兴奋。音调在汉语中非常重要,但对很多学习者来说很难从听觉上掌握""反馈对学习者的成功非常重要,希望可以在 VR 课程中得到改进,比如提供实际对话的机会"等。团队据此制定的项目设计目标包括:

(1)利用和强调汉语和许多语言之间的共性,利用 VR 的多感官和体验的可视性来支持学习者掌握汉语发音。

(2)利用 VR 技术的语音识别、单人互动等手段,增加即时的反馈,提供对话练习的机会。

(3)通过 VR 技术打造的三维虚拟环境提供故事和场景,让学习者在语境中进行互动。

希望在 VR 技术支持下,作为言语交际主体的学习者不仅能够接触话语,还能接触话语赖以产生的具体交际场景和特定交际事件,这样有利于他们统合语言和非语言语境信息,综合地加工和处理话语信息,在把握话语的语言特征的同时,自然建立起相应的语境图式,获得宝贵的语言实践经验。这对于学习者克服理解障碍、优化表达策略具有积极的意义,能帮助他们更好地应对初学阶段的困难。

2.1 体验形式

考虑到部分用户使用 VR 设备会有较大花费,以及眩晕、呕吐等不适感会导致体验不佳,课程设计了桌面和耳机两种体验形式。

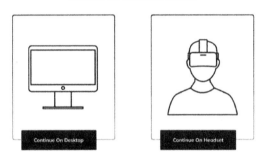

图 1

2.2 目标和任务等级

在课程的七个单元中,安排了三个等级的任务,完成每个任务大约需要 60 分钟。通过不同等级的任务,既鼓励学习者自主探索,拓展学习范围,又促进本课程的学习和巩固。配合课程的目标和形式,体验的内容仍然以汉语拼音加英文翻译进行展示。一级任务是在开始的第一单元设置游戏。学习者需要认真观察、积极倾听,勇于尝试理解和表达词汇。有的词汇在课程中学习,有的则超出课程之外。二级任务在中间的第四单元设置,学习者需要关注语境中的词语,并在应答中使用这些词汇。词汇和句子基本上都是在课程中学习的。这种过程是更加直接的交际活动,虽仍然是探索性的,但是有指导和支持。三级在最后的第七单元设置,提供最少的框架,完成最多的任务。完成任务需要听的和说的词语是课程中学习的,但有些句子是超出课程之外的生活常用句。

等级的设定,一是考虑完成任务的方式,二是考虑支撑该种方式所需要的语言知识和技能。虽然有不同的等级设定,但是三级间相对独立,在任何一级的练习过程中都随时可以回到主菜单尝试其他的等级。这样设计的考虑有几方面:一是 Chinese for Beginners 是为零起点、全年龄、各种身份和职业的学习者设计的入门级课程,对词汇量和语法项目的要求不高,除第一单元外,其他单元的各课内容多表现出词汇和相关句型的不同,难度差别并不大;二是单元内容是根据话题设计的,相关的词语和句型重合不多;三是VR技术的应用是为了建立沉浸式场景,弥补课程在互动和即时反馈方面的不足,而不是进行系统教学。三级任务中的词语和句型有少量重现,但不存在承接关系和"通关"的问题,因此使学习者有了更多方便自主地安排进度和时间的可能。

2.3 建模的对象和环境

通过设计前期的调研,项目团队收集到学习者希望体验的方式有以下几种:

(1)连续式:"设置真实的时间,故事是妈妈从某处(比如火车站)到下一个地方(比如菜市场),然后在某处就餐……"在这种方式中,从一节课到下一节课的故事是衔接的,比如整个课程记录的是从火车站到去市场,然后跟朋友就餐的旅程。

(2)情景式:"故事可以是连续的,但每一课相比上一课逐渐提高等级(如现在可以去2号位置……)"。

(3)现实式:"朋友约我在市场一起吃午饭,现在我得下火车去找他们"。

(4)冒险式:"朋友送我到一个城市进行探索,或者带我走遍中国,由此获取兴奋的东西。故事更松散,增加可再生性"。

(5)神秘式:"我在一个城市收集线索来解答某个谜题"。

团队经过讨论,认为设计内容需要植根于现实,同时不要让学习者在故事的组织方面花费太多精力。关于情景和连续性的问题,不一定要把所有任务联系在一起形成一个完整的情节,学习者在真实情况下使用技能时,更关注的是及时获得做得是否成功的反馈,如果不成功还需要及时获得提示和帮助。针对本课程的内容,日常生活中有很多场景适合通过VR技术展现,如买东西、找物品或地方、点餐等,因此冒险和神秘感对本课程没有必要,而且可能会使学习者体验时认知负荷过大。

根据收集到的学习者的想法,我们从"市场、晚宴"等诸多场景中,确定以北京的王府井小吃街为虚拟的场景,这样相对集中的场景既可以让学习者在比较丰富自由的漫游场景中进行探索,又可以避免过多变换地点分散学习者的注意力,同时也方便在场景中自然融入中国特色的生活元素,如建筑、店铺招牌、装饰(如灯笼)、旅游纪念品(如服装、手工艺品)、背景音等。另外,课程内容容量和难度都不大,这样设计的场景也方便综合多个话题以及相关句型、词汇,从而没有必要给全部课程的每个单元甚至每一课都进行设计,避免造成内容和形式上的重复。如果为了避免重复而设计不同场景和任务,可能会让学习者花费太多时间和精力去熟悉和掌握,影响对课程核心内容的关注。

2.4 体验的机制

体验过程中设计了一个角色"敏",贯穿三级的始终,进行场景介绍、任务发布、环节串联等，并及时提供鼓励支持、学习情况反馈、正确答案提示等，在一、二级通过英文的语音和汉语拼音＋英文的文字形式进行，三级主要通过汉语拼音＋英文的文字形式进行。这样设计的有变化的辅助和反馈形式，既可以帮助初学者在陌生环境中同陌生人对话时减轻压力和恐惧，又让他们在过程中逐渐体会到独立学习和表达的能力正在提高，从而保持学习和体验的兴趣。

2.4.1 第一单元的一级任务：寻宝游戏

适当的游戏化教学有助于语言学习，已经是被很多实证研究证明的事实。游戏化教学或者教育游戏一直存在于课堂、线上、教学软件等教学形式中，也很受教育技术的重视，技术手段在语言游戏化教学中的作用和形式是非常值得不断探索的。游戏模式有时会因为偏离教学目标而受到轻视、质疑甚至抵触，但是相对于游戏本身，在语言学习方面发挥作用的是以教育为目的的从游戏中延伸出来的内容和活动。语言教学有鲜明的学科特点，需要技能操练，互动性和交际性强，这与游戏的特点很契合。因此，有研究证明，在词汇方面，有游戏功能的词汇学习应用程序使学习者的习得和记忆方面效果明显优于使用无游戏功能应用程序的学习者。（郑艳群等 2022）轻度游戏化的课程会很有趣，它将特定的教育目的和游戏的趣味性结合起来，同时具有教育性和娱乐性，有利于激发兴趣，尤其符合本课程的零起点学习者的需求。

一级任务的游戏设置，是让学习者根据列出的 10 个词语，在小吃街的场景中找到相应的 10 种东西，涉及家庭成员、颜色、饮食、日常用品、公共设施等。场景里不仅包含这 10 个词语，还包含 20 个其他常用词语，共 30 个。在能够自然地安排进场景的这 30 个词语中，尽量包含了四个声调和轻声、21 个声母中的 20 个、39 个韵母中的 24 个。虽然通过第一单元的学习，学习者对语音的掌握还不完全，但因为在实际环境中不会有声母、韵母、声调的分解问题，所以学习者在熟练掌握语音之前也是可以理解语言、完成任务的。寻宝游戏正是要鼓励学习者在保持好奇心、自主扩大学习范围的过程中，自然地感知、了解和学习汉语的语音。学习者找到列表中的 10 个词语当然会有成就感，但是在过程中学习和练习其他 20 个词语，尤其是超出课程之外的词语，也能获得乐趣和成功。除此之外，看到有丰富中国元素的场景，听到周围的汉语声音，也能让学习者在感到新奇的同时，尝试适应在中国的日常生活和语言环境。

学习者移动鼠标到物品的周围，如果亮起蓝色就表示找到了一个物品，这时会听到"敏"的发音示范，学习者按照提示进行录音、提交。如果发音达到标准则成功，如果尝试三次还达不到标准，"敏"会提示再继续尝试。再听发音示范，并尝试三次后，仍然不够标准，学习者则可以选择练习该词语，或选择继续寻找其他物品。找到的物品如果在词语表中，词语表中会有显示，如果不在表中，"敏"也会告知，并鼓励学习者继续探索和学习。

这样的设计能够使任务压力适中,保持学习者的兴趣,满足学习者高追求的学习。

2.4.2　第四单元的二级任务:简单对话

学习者要根据任务提示在小吃街上找到"敏"和她的弟弟"伟",跟他们一起体验商量和点菜的过程。内容涉及姓名、饮食、价钱等,体验时需要应用的 10 种主要句型和相关的词语是课程中学习的。这种跟同伴出行的情况既符合常见的生活实际,又给予学习者放松的氛围。"敏"在这一过程中既是提供正确发音和即时反馈的教学者,也是体验的陪伴者和支持者。

在整个任务过程中,根据学习者的实际需要,辅助学习和练习的方式包括:

(1)提供问题让学习者学习应答,比如询问姓名。

(2)提供问题以及相关图片或答案帮助学习者练习对话,比如点菜。学习者需要关注对方的问题,选择自己喜欢的食物进行相应的回答,如果选择错误会出现提示。练习对话的过程是比较主动的学习,不是简单被动地接受和重复答案。

(3)根据提供的句型和替换词语,学习提问,比如问价。

学习者看到了词语、句型的展示或选择了答案后,会听到"敏"的发音示范来模仿练习,之后会尝试表达并录音、提交,然后得到"敏"的反馈。学习者在学习过程中既有自主性,又能获得指导和支持。反馈可能是成功了,也可能是需要再次练习发音或思考如何选择,有时对如何正确选择也有简单的提示。与一级任务一样,首次和再次尝试的次数也是三次,同样也可以选择继续该练习或切换到其他环节。

在对话练习中,学习者可以进一步熟悉汉语语音语调,学习句型和词语,尝试回答和提问,通过语言进行日常生活交际和社会文化的了解。

2.4.3　第七单元的三级任务:独立面对和解决问题

学习者要应生病的"敏"的请求去帮她买需要的食物,过程中遇到一些情况需要应对,包括有人来打招呼和问路,摊主会询问需要什么,要根据物品的价格选择能买的纪念品。内容涉及打招呼、问路、天气、点菜、问价等,体验时需要听懂和会说近 20 个句型和相关词语,这些词语和句型大部分在课程中学习,也有少量内容超出课程之外。

同二级任务一样,学习者会获得场景和任务的提示,听到问题,看到答案的选项。不同的是指导和辅助减少了。(1)在过程中,场景说明和任务发布等通过拼音+英文的文字进行,学习者听到的主要声音来自场景人物的汉语表达,而不是"敏"反馈的英语语音,也没有她的发音示范。学习者需要独立面对并尝试解决问题,通过提交录音和获得反馈,了解自己在选择和发音方面的完成情况。尝试和再尝试的机会仍然有三次,也可以选择继续尝试该环节或者变换其他环节。(2)完成任务的难度也有所提高,比如听到的语速会比较快,也会听到一些没有在课程中学到的内容,比如"能帮个忙吗?我在找路呢""再次感谢你的帮助,祝你学习顺利"等。这是符合生活实际的真实情况,在文字辅助下,学习者可以在虚拟的环境中尝试理解并习惯这样的自然交际,为将来的实际应用积累初步的适应能力。

学习者通过一系列的互动和对话去完成任务,能将课程中所学的有关身份、食物、方向、价钱等词汇,有关打招呼、问路、问价、点菜等句型,应用到虚拟的完整场景中,在课程结束时有一个实践经验的积累,逐步增强汉语表达的自信,提高了解中国社会生活的兴趣。

三 期待的反馈和需要研究的问题

经过一年的研发,Chinese for Beginners 的 VR 课程于 2023 年 3 月底上线。我们希望这个基于相关理论和学习者需求设计的 VR 课程,能够成为课程学习和自然习得的良好衔接,帮助学习者获得相对真实的实践体验,从中激发兴趣,增强自信,为课程的学习巩固基础,进而期待学习更多的知识和技能,在中文学习和文化交流方面有更多的收获。我们将关注学习者对课程设计的反馈,并继续进一步的思考和探索,也希望我们的实践能够为研究者和实践者提供参考。研发过程中,我们也发现了 VR 技术应用中需要注意的一些问题。

(1)VR 技术的作用

根据《虚拟现实产业发展白皮书(2019 年)》的最新定义,VR 技术是一种计算机模拟系统,通过模拟三维世界创建新的交互系统。这个交互系统是想象中的虚拟环境,可以实现某些目标,但它的构想性特点又使之不能完全替代真实环境。尽管设计师会参考现实生活的元素,但其创建的某些细节还是有可能带来误解和误导。所以 VR 应用当然不能完全替代真实生活,语言交际能力最终还是需要在真实的社会中真正地掌握和提高。

(2)VR 技术的应用

Chinese for Beginners 的 VR 设计通过语音识别、单人互动、三维虚拟环境等手段,在提供即时反馈、增强学习环境沉浸感方面,为学习者提供了有益的帮助,使课程有了一定程度的提升。由于课程内容难度不大,词汇主要是意义明确的名词、动词等实词,核心句型结构比较简单且比较固定,识别学生存在的问题并给予反馈基本能够满足学习者的需要。但是在语音方面,仍然不能识别学习者的个性化问题并有针对性地制作不同的反馈内容。在互动方面,如果能够做到多人互动,激发学习者合作学习、积极交际的兴趣,无疑会对学习语言知识、掌握语言技能起到更大的促进作用。另外,VR 技术应用在成本和技术方面要求对于大部分语言教学者来说都是很高的,导致个人或规模较小的团队难以开发,专业语言教学和研究者更多的是在课程性质、对象定位、教学理念、呈现内容(语言要素、人物角色、环境和元素)等方面起关键作用。

四 结语

基于课程的性质,Chinese for Beginners 对完成结果和时间的要求是比较宽容的,是否适用于和如何应用于学校的教育体系中还有待探讨。而将 VR 技术应用于课程建设的理论和实践也正在进一步研究和探索中。自有学者(郑艳群 1999)关注到 VR 技术能够为建立语言教学环境带来支持以来,有越来越多的学者从不同角度对 VR 技术应用于语言教学进行了研究和实践。仇鑫奕(2006)主张 VR 技术在对外汉语教学中的应用目标应该是创造日常口语习得环境。李燕等(2018)通过实践让学习者在模拟旅行中既学习语言,又体验和理解中国文化。刘哲(2021)尝试通过社交游戏,张亚楠(2022)结合具体课程,都对教学进行了设计。相较于辅助教学,对 VR 技术的深度开源是在虚拟环境平台上对其资源加以利用和开发,进行教学实验和探索。在这方面,张海森(2011)介绍了国外对三维虚拟环境平台 Second Life 的研究进展,马武林、蒋艳(2010)探讨了 Second Life 在英语教学方面的应用实践,这些研究都给打造中国的虚拟学习环境和开拓汉语教学新思路提供了参考和借鉴。郭玉慧(2018)对该平台上"中国岛"的教学模式进行了详细的介绍和分析,包括组织教学时学习地点是否限于课堂、时长应有什么规定、如何考核和评估学习效果、如何处理教师的参与等。马冲宇等人通过一系列文章,介绍分析国外借助 VR 技术促进语言教学的情况,如 VILL@GE 项目、俄语虚拟世界系统、DVEs 平台的理念和应用(2012),也对国际中文教育 VR 情境化语言实践虚拟仿真实验(2023)的实践进行了说明和思考。除了借鉴这些研究和实践以外,国家虚拟仿真实验教学课程共享平台"实验空间"也是一个很好的实践平台。目前该平台上免费的虚拟仿真实验课程资源达到 3,400 多门,留学生汉语教学方面的实验有 3 门,涉及商务、视听说等[②],在数量和类型上都有很大的实践空间。

注 释

[①] Coursera 由 Daphne Koller 和 Andrew Ng 于 2012 年创立,是一个在线学习和职业发展的全球平台,与世界超过 275 所一流大学和公司合作,开设了 5,400 多门实践项目、就业证书和学位的课程,学习者达 1.13 亿。数据来自 Coursera 官网网站https://www.coursera.org,访问日期 2023 年 8 月 1 日。

[②] 数据来自"实验空间"官网网站https://www.ilab-x.com,访问日期 2023 年 5 月 17 日。

参考文献

郭玉慧(2018)《基于虚拟现实技术的汉语国际教育教学模式研究——以"中国岛"为例》,云南大学硕士学位论文。

李 燕、郝书嘉、宋伟(2018)虚拟现实技术在汉语教学中的探索与应用,《第十一届中文教学现代化国际研讨会论文集》,348—353页,清华大学出版社。

刘 哲(2021)《VRChat在汉语国际教育中的应用研究》,辽宁师范大学硕士学位论文。

马冲宇(2023)国际中文在线教育新模式探索——关于国际中文教育VR情境化语言实践虚拟仿真实验的建设与思考,《教育教学论坛》第24期。

马冲宇、陈坚林(2012)基于虚拟现实的计算机辅助语言教学——理论、方法与技术,《外语电化教学》第6期。

马武林、蒋 艳(2010)基于Second Life的英语教学途径新探,《现代教育技术》第2期。

仇鑫奕(2006)虚拟现实技术支持下的对外汉语教学模式,《外语电化教学》第1期。

张海森(2011)国外Second Life虚拟世界教育应用研究的最新进展,《中国电化教育》第4期。

张亚楠(2022)《虚拟现实技术在〈中国概况〉课程中的应用研究》,西北师范大学硕士学位论文。

张志祯(2016)虚拟现实教育应用:追求身心一体的教育——从北京师范大学"智慧学习与VR教育应用学术周"说起,《中国远程教育》第6期。

郑艳群(1999)虚拟现实技术和语言教学环境,《世界汉语教学》第2期。

郑艳群等(2022)《语言教育技术研究》,北京语言大学出版社。

作者简介

刘晓雨,北京大学对外汉语教育学院副教授,从事对外汉语教学工作33年。参编出版《中级汉语口语》《快乐汉语》等十种系列教材。参与完成的项目包括学科研究生培养、口语教学专题、汉语网络教学暨测试、师资培训微课等。主要研究兴趣为课堂教学、教材编写、教师培训,发表《对外汉语口语教学研究综述》《对对外汉语教师业务培训的思考》《研究生对外汉语教学实践课堂的组织与实施探索》等研究论文多篇,《英语、日语、汉语第二语言教学学科研究》《对外汉语口语教学研究》《汉语口语常用句式例解》等著述。

日本华裔汉语学习者的族群认同及其与继承语保持之关系*

邵明明

首都师范大学文学院

提　要　本文采用量化和质化两种方法,对日本华裔汉语学习者的族群认同状况、特点,以及族群认同与继承语保持和发展的关系进行了研究。研究发现,日本华裔第二代在族群认同方面普遍存在困难,其族群认同问题随着汉语水平的提高逐渐凸显,日本社会对移民的消极态度弱化了华裔的族群认同,华裔对族群的认同随着年龄的增长而变化。日本华裔的族群认同与其继承语的发展存在相互促进的关系。总体来说,日本华裔对华人族群的认同与继承语的保持和发展一样,呈现出一种从"同化"到"整合"的过程。

关键词　日本华裔　族群认同　继承语　语言学习

一　引言

族群认同是指个体对某个群体的归属感及与之相伴的态度和情感。(Phinney 1992)移民对住在国社会文化适应是一个复杂的过程,族群认同受移民家庭、社区、住在国社会环境等多种因素影响。当移民对保持族群认同有较强烈的需求,当社会对族群多样化持鼓励和接受态度时,移民的族群认同可能得到强化。(Dixon et al. 2012)种族主义、歧视、社会边缘化都会导致移民族群认同向对方族群发展。(Rothe et al. 2011)应对来自外族的敌意时,有些移民会淡化或拒绝自己的族群认同,有些人则会维持对自己族群文化的自豪感并更加强调所在族群的团结。(Liebkind 2001)Lee(2003)指出,直接针对个体的歧视与移民者心理幸福度呈负相关,族群认同和异族态度与心理幸福度呈正相关。另外,住在国民众对移民的接受程度也与个体的性别、年龄、受教育程度等有着直接的关系。(Zhang 2015)

---

* 本文系国家语委全球中文学习联盟专项项目"海外华人中华文化代际认同差异及传承需求研究"(YB145-11)研究成果。

继承语的保持和移民后代族群认同有着密切的联系。Oh & Fuligni(2010)指出,综合来看,继承语水平能较可靠地预测青少年的族群认同。由于不同族群文化、成员特征等存在差异,继承语和族群认同之间的关系并不一致。Geerlings et al. (2015)发现,亚洲移民有着更强的族群自我认同和继承语使用倾向,随着亚裔青少年年龄的增长,其语言选择和使用倾向预示着他们的族群认同。Kim & Chao(2009)的研究显示,继承语流利度是第二代成年美籍墨西哥裔族群认同的重要部分,但是美籍华裔却并非如此,他认为将继承语流利度作为衡量美国华裔族群认同的一般维度并不适合。目前有关继承语和族群认同的研究主要集中在美国、新加坡以及欧洲国家,研究对象以西班牙语为继承语的移民研究数量最多,多数为墨西哥裔、拉丁裔等移民。(Kim & Chao 2009;Oh & Fuligni 2010)近年来,亚裔移民也得到学者们的关注,研究对象多为华裔、韩裔及越南裔等。(Dixon et al. 2012;Park et al. 2012;Choi et al. 2016)

作为近邻,日本拥有庞大的华人群体。据2019年日本移民局发布的在日本长期居住的外籍居民的报告数据显示[①],截至2018年年底,在日中国籍居民达到了764,720人,总数高居第一位,占外籍居民总人口的28%,其中还不包括已入籍的日本华人。近年来,来华日本留学生人数越来越多,其中有相当一部分为华裔。日本华裔对华人族群的认同与来自东南亚和欧美等国家的华裔有着较为明显的不同。本研究主要探讨两个问题:一、日本华裔继承语学习者的族群认同情况及特点;二、日本华裔族群认同与继承语保持的关系。

二 研究设计

本研究采用了量化和质化两种研究方法。量化研究采用问卷调查的方法,以掌握日本华裔族群认同的概况。质化研究采取访谈的方式,对日本华裔族群认同的特点、变化及与继承语保持的关系进行较为深入的探究。

(1)量化研究:主要采用Phinney(1992)的"多群体族群认同量表"(Multigroup Ethnic Identity Measure,MEIM),根据调查对象的特点和已有的研究,我们删除了MEIM问卷中两个关于族群认同态度和探索的反向问题。MEIM问卷分两个部分:族群认同和外族取向。第一部分包括族群认同探索行为和态度(认同成就,Ethnic Identity Achievement),对族群的自豪感、积极的认同感和依赖感(认同和归属,Affirmation and Belonging),以及积极参与族群活动的族群行为实践(Ethnic Behaviors and Practices);第二部分是他族取向(Other-group Orientation,OGO),即对待与其他族群交往的态度。(Ponterotto et al. 2003)他族取向虽然不属于族群认同,但它可以从另一个侧面来反映个体对某个族群的认同程度。另外,我们还借鉴Chinen et al. (2006)的问卷,增加了被调查者对自我身份定位和希望别人如何看待自己两个方面的调查,最终得到一个包含 20 个题目的问卷。问卷整体结构及题目分布如下表所示:

表 1 身份认同问卷结构[②]

问卷	维度	题目编号
第一部分	认同成就	1、3、5、10、11
	认同和归属	6、9、12、16、18
	族群行为实践	2、14
第二部分	他族取向	4、7R、8、13R、15、17
第三部分	自我定位和他人定位	19、20

问卷为李克特 5 度量表,"1"到"5"分别表示从"不符合"到"非常符合"的程度变化,问卷通过网络(问卷星)发放。为排除血统(混血与否)和国籍(中国籍或日本籍)等因素的影响,我们将调查对象限定为父母双方均为华人,其本人为日本国籍的汉语学习者。根据筛选条件,我们共收到华裔汉语学习者问卷 44 份。其中男性 17 人,女性 27 人,年龄在 18 岁至 35 岁之间,其中 18 岁到 29 岁的被调查者占总人数的 93.2%。具体年龄分布如下表所示:

表 2 问卷调查受访者年龄分布

年龄	18	19	20	21	22	23	24	25	26	27	28	29	30	33	35
人数	2	4	11	2	5	1	3	2	3	3	2	3	1	1	1

(2)质化研究:为保证研究对象的典型性和同质性,我们采用的样本筛选标准:一为父母均在中国出生并接受教育;二为本人在日本出生并接受教育,汉语达到高级水平。我们采用滚雪球的方式[③]抽取样本,当访谈信息达到饱和时,共抽取了 5 名符合条件的汉语继承语学习者作为我们的研究对象(均参与了问卷调查)。具体见下表:

表 3 受访者信息统计

受访者编码	性别	学历	在华时间(年)	开始学汉语时间
A	男	博士	6	大一
B	男	硕士	1	从小
C	男	博士	1	大学
D	女	本科	3	高三
E	女	硕士	2	高一

根据文献梳理和问卷调查,我们拟定了访谈提纲,对受访者逐个进行了半开放式访谈和现场观察,访谈全程录音并记录受访者在访谈中的表情和动作,访谈语言采用中文,时间大约一个小时。访谈结束后对录音进行了整理,并利用 Nvivo 软件对转录文本进行了三级编码,进而对受访者家庭语言环境及形成原因、族群认同状况及相关影响因素等进行较为深入的分析。

三 日本华裔族群认同情况分析

通过问卷,我们对日本华裔汉语学习者对华人族群、文化、身份等的认同程度进行了考察。首先,我们对日本华裔在族群认同的四个维度上的总体反应情况进行了统计。结果如下表所示:

表 4　族群认同四维度表现

维度	N	均值	标准差
认同成就	44	3.16	0.78
认同归属	44	3.23	1.10
行为实践	44	2.73	1.21
他族取向	44	4.09	0.68

由上表可知,日本华裔在对族群认同的探索以及对族群身份的态度方面,趋于中立态度(M=3.16);在对华人族群的认同感和归属感方面,日本华裔同样未表现出明确的态度(M=3.23);在参与族群活动方面,他们表现出了一定的负面态度(M=2.73);在与其他族群交往方面,日本华裔表现出了较为强烈的与其他族群交往的意愿(M=4.09)。从标准差来看,日本华裔在他族取向维度意见最为统一(SD=0.68),其次是认同成就维度(SD=0.78),在认同归属(SD=1.10)和行为实践(SD=1.21)维度,他们的意见相对分散。

表 5　族群认同调查结果概况

项目	均值	标准差
1.我经常会花时间寻找有关华裔人群的信息,比如他们的历史、传统和习俗。	3.30	1.32
2.我是主要由华人构成的组织或者社会团体中的一员。	2.23	1.38
3.我很清楚自己是一名华人,并明白这对我的意义。	3.23	1.43

续表

项目	均值	标准差
4.除了华人,我很喜欢接触和结识来自不同族群的人。	4.36	0.94
5.对于华人身份对我生活的影响,我思考了很多。	3.89	0.99
6.我很高兴自己是华裔族群的一员。	3.59	1.17
7.有时候,我觉得如果不同族群的人没有尝试着融合在一起会更好。	3.73	1.28
8.除了华人,我经常跟来自其他族群的人在一起。	4.18	1.13
9.我强烈感觉到自己属于华人族群。	2.82	1.40
10.在我所了解的华裔和非华裔的前提之下,我很明白作为一个华人对我的意义。	3.57	1.17
11.为了更多了解我的华裔背景,我经常和其他华人谈论华裔族群。	2.71	1.32
12.我对华裔族群和他们取得的成就感到非常自豪。	3.27	1.25
13.我并不会试图和来自其他族群的人交朋友。	4.59	0.82
14.我会参与中华文化实践活动,如特色食物、音乐或者习俗。	3.23	1.48
15.我会经常参与到来自不同族群的人们的活动中。	3.43	1.37
16.我对华人族群有强烈的依赖感。	2.82	1.56
17.除了华人,我喜欢周围都是来自其他族群的人。	4.23	1.03
18.我对中华文化和自己的华裔背景感觉不错。	3.66	1.16

从上表可见,除在关于华裔与其他族群接触情况的第 4、8、13、17 题上,华裔表现出了较为明确的赞同之外,其他题目均呈居中趋势。总体来看,他们在大多数题目上的态度倾向并不明显。除第 4、5、13 题外,各题目的标准差均大于 1,说明被调查者的意见较分散。

从各维度题目具体表现看,在认同成就方面,华裔对华人族群会有一定的关注(M_1 = 3.30),但平时并不会花太多精力去了解相关信息(M_{11} = 2.71),他们对华人身份之于自己的意义并不是很清楚(M_3 = 3.23,M_{10} = 3.57),对华人身份对自己生活的影响思考并不多(M_5 = 3.89)。在认同和归属方面,他们对自己华裔的身份并没有感到高兴和自豪(M_6 = 3.59,M_{12} = 3.27),虽然他们对中华文化表现出了一定的认可,但认可程度并不高(M_{18} = 3.66)。日常生活中,华裔对华人族群并无明显的归属感(M_9 = 2.82),对华人族群也并不依赖(M_{16} = 2.82)。在行为实践方面,他们大多数人跟华人族群的联系不多(M_2 = 2.23),对于参与中华文化相关的活动也并无明显的兴趣(M_{14} = 3.23)。在他族取向方面,日常生活中他们更希望也更经常跟族群之外的人交往(M_4 = 4.36,M_{13} = 4.59)。虽然他们并不一定经常参与其他族群的活动(M_{15} = 3.43),但生活中日本华裔对融入其他族群(主要是日本社会)表现出了较为明确的意愿($M_7=3.73, M_8=4.18, M_{17}=4.23$)。

由此可见,日本华裔对华人身份之于自己的意义并不太清楚。日常生活中,他们对华人族群的归属感和依赖感较低,也不会花时间和精力去了解有关族群的信息,他们普遍希望融入当地人的生活中。

为更明确了解日本华裔的族群认同情况,我们分别从自己和他人两个角度调查了华裔自我身份的定位。具体情况如下表所示:

表 6　自我身份定位情况

题目	频率	百分比(%)
1.我认为我本质上是一个华人。尽管我住在日本,我仍然觉得我自己是一个华人。	1	2.3
2.我认为我本质上是一个华人。尽管我有华裔的背景和特点,我仍然认为我是一个日本人。	11	25
3.我认为我是一个华裔日本人,尽管内心深处我一直知道自己是一个华人。	4	9.1
4.我认为我是一个华裔日本人,尽管内心深处我认为自己首先是一个日本人。	9	20.5
5.我认为我是一个华裔日本人。我有中国和日本两方面的特点,我认为自己是两个民族的综合。	19	43.1

从上表可知,虽然日本华裔对自己的族群认同存在一些困难,但大多数明确认为自己是日本人。25%的华裔虽认同其华裔身份,但主观上仍认为自己是日本人,而20.5%的华裔虽了解其华裔背景,但是内心深处对此并不认同。由此可见,自认为是日本人的占到了45.5%,明确认为自己是华人的仅占2.3%。同时也可看到,43.1%的人认为其综合了两个民族的特点,这反映了他们族群认同的不确定性。

对华裔汉语学习者希望别人如何看待自己的调查结果,如下表所示:

表 7　希望他人对自己身份定位情况

题目	频率	百分比(%)
1.中国人	2	4.6
2.日本人	17	38.6
3.华裔日本人	18	40.9
4.其他	7	15.9

从上表可见,有40.9%的人承认其华裔背景,但希望别人同时关注其日本人的身份。有38.6%的日本华裔并不希望别人了解自己的华裔身份,而是希望别人将自己作为一般

的日本人对待。希望被当作中国人的仅占 4.6%。另有相当一部分人(15.9%)选择了其他,这显示日本华裔族群认同存在一定困难。

总体来说,日本华裔虽对其华人背景和文化、对华人族群有一定了解,但对华裔身份之于自身的意义并不清楚,对族群的归属感和依赖程度较低。他们客观上无法摆脱华人族群的影响,但主观上希望融入日本社会,多数希望被当作普通日本人对待。日本华裔对族群的认同表现比较不一致,这表明他们在族群认同方面存在一定的困难。已有研究显示,移民对自己族群的认同受所在国社会对移民接受程度、种族主义、歧视,以及个体的性别、年龄和受教育程度等因素的影响。(Dixon et al. 2012; Liebkind 2001; Zhang 2015)日本华裔族群认同的差异可能受多方面因素的影响,我们通过访谈对日本华裔族群认同的特点进行更为深入的探究。

四 族群认同的影响因素及其变化

4.1 家庭和社会的差异造成华裔族群认同困难

族群认同受移民家庭、社区、所在国社会环境等多种因素的影响。问卷调查结果显示,日本华裔的族群认同情况并不一致,有相当数量的人存在族群认同的困难。该状况的形成与华裔家庭和日本社会的影响有密切关系。

日本华裔继承语学习者多数为第二代移民,受父母影响,华裔不可避免地会在思维方式、言语表达和行为表现方面带有一定的中国特征,如 B 认为"日本人算是有时候比较死板吧,在这个时候觉得自己就有点儿中国人的这种思维方式吧……我也不是完全的日本的这种习惯啊,思维方式吧",E 觉得自己"跟日本人……思维方向可能有点儿不一样"。语言表达方面,虽然日本深受中国文化的影响,但中日毕竟是两个不同的民族,由于人们使用语言时的心态不同,不同的民族对同一事物的表达方式也很不相同。中国人习惯于言简意赅、逻辑清楚;而日本人则崇尚委婉含蓄、拘谨周全(张岩红 1999),如 E 提到"可能我比其他日本人更直接说话吧,日本人喜欢委婉表达什么的,我自己可能更直接一些"。

虽然他们父母思想较中国化,"想法跟日本人普遍的想法不太一样",但华裔在日本生活学习,深受日本思想影响,因而华裔"受日本的教育渐渐多了,对他们(父母)这样的做法……有了些看法"(B)。家庭和社会不可避免会对长期浸润在两个不同文化环境之中的华裔子弟的族群认同产生影响。对自己是中国人还是日本人的问题,他们普遍感觉到"很复杂,我也不知道"(D),很多人"感觉自己是日本人,但是报道中国不好的地方的时候,日本朋友说中国坏话的时候,我就觉得有点儿别扭"(E),"血统是完全的中国人……

爸妈都是中国人,但我受了日本的教育,很复杂。我也不知道自己是个哪国人"(D)。随着汉语水平的提高,对族群认同他们的困扰也更加凸显,例如 B 认为"假如我中文说得不太好,我肯定认为自己完全是一个日本人,因为我可能讲汉语讲得好,所以自己无意识地也认为自己一部分,一部分肯定是中国人吧"。

如上所述,华裔第二代从小在华人家庭中长大,受中华文化的影响,但同时他们又是在日本长大并接受日本教育,族群认同对于他们来说成了"一个很难的问题"(B、D),这应该是日本华裔第二代普遍的感受。特别是在学习汉语之后,随着汉语水平的提高,他们对华人族群文化的了解逐步深入,在族群认同方面的问题也随之凸显,并在相当一段时期内成为普遍困扰日本华裔第二代的问题。

4.2 社会对移民的消极态度弱化了华裔的族群认同

当移民对保持族群认同有较强烈的需求,当社会对族群多样化持鼓励和接受态度时,移民的族群认同很有可能得到强化(Dixon et al. 2012),而当社会对外来族群表现出歧视或排斥态度时,移民的族群认同可能会因为不同的社会生存状况而得到强化或弱化。

在日本社会,对外来的群体来说,流利的日语并不足以使其被社会所接受。东亚人,甚至以日语为母语的人,除非能够隐藏自己的背景,否则通常都会遭受严重的社会歧视。(Hidldebrandt & Giles 1983)虽然日本政府或许乐于接受更多移民,但是普通日本民众普遍对外来移民持消极的态度。Zhang(2015)通过调查发现,相对于韩国、东南亚、欧洲和北美的移民,日本民众对中国移民的接受程度最低。在访谈中,日本华裔普遍感觉"很难融入他们(日本人)的群体里面"(B),"在日本中国人生活的时候,日本人会有歧视"(C)。在日本中小学,华裔学生常常"有很多很多欺负的问题"(A)。

应对外族的敌意时,有些移民会淡化或拒绝自己的族群认同,有些人则会维持族群文化的自豪感并更强调族群的团结(Liebkind 2001)。作为近邻,中日两国文化有诸多相似之处,华人和日本人外貌并无显著差别,且两国都有使用汉字的特点,因此华人和日本民族的界线相较于其他族群(尤其是欧美)来说较为模糊。日本华裔为了保护自己,为了更好地融入日本社会,多倾向于隐藏华人身份。社会的歧视使年幼的日本华裔对自己的华人身份产生了消极态度,直接影响了他们对华人族群的认同。我们发现,日本华裔在小学到中学期间,通常"不敢说我是中国人"(C)。他们应对歧视的方式,一般是淡化族群认同,隐藏自己的华裔背景,例如,"我没有告诉我朋友,因为不想被发现我父母是中国人"(D),"一直没跟他们说我是……中国人"(A)。问卷调查显示,日本华裔在日常生活中并不会主动参与族群活动,这一定程度上也是为了更好地融入当地社会,刻意与华人族群保持距离。这种做法在一定程度上弱化了他们的族群认同感,使他们更倾向于认为自己是日本人。正如问卷调查显示,虽然45.4%的华裔认同自己的华人身份,但仍然认为自己是日本人,38.6%的华裔希望别人把他们作为一般日本人看待。由此可见,社会对移民的消极态度在一定程度上弱化了日本华裔对华人族群的认同。

4.3 族群认同随着年龄的增长而变化

青少年的族群认同要经历一个变化过程,其族群的认同始于父母、社区或社会中人们固有或普遍的对其族群的观念,在经历认同危机或探索阶段后,最终达到对族群的一种既定的、安全的感觉。(Phinney 1996)鉴于日本社会的态度,日本华裔通常倾向于隐藏其华裔身份,弱化对华人族群的认同。但日本华裔的族群认同并非一成不变,随着年龄增长,他们的族群认同也逐渐变化。我们发现,华裔对华人族群的消极认同态度一般在高中之前,随着年龄的增长,心智逐渐成熟,他们对华人族群的态度逐渐转化,其中文化传承是他们华人族群认同强化的重要原因。

由于日本华裔的父母大多移居日本时间不长,在日本社会关系相对简单,其家庭在日本社会中往往是孤立的点。他们与国内亲戚仍保持密切联系——电话沟通、定期回国探亲等。成长过程中,华裔子弟逐渐认识到亲缘关系在其生活中扮演着重要的角色,如D提到"在日本的时候,感觉我没有一个亲戚,感觉我朋友们都有,然后就是暑假寒假的时候,都回他们老家玩什么的,我都没有,这样特别孤独感觉"。上高中或者大学之后,日本华裔对自己来源的兴趣越来越浓厚,觉得"了解自己的祖先那样的背景也是很重要的事情"(C)。这个阶段,他们开始向周围的同学和朋友坦陈自己的华裔身份,主动关注并搜集与华人相关的文化、历史等信息,绝大多数受访者在这个时期开始学习汉语。产生这样的变化,一方面可能是年龄的增长使他们心智更加成熟,对华人身份之于自己的意义逐渐清晰,对自己身份的定义也变得更加稳定和自信,从而能够更坦然应对来自外部的歧视;另一方面可能是周围人群受教育程度的提高,对外来移民(尤其是中国人)的接受程度更高,使得他们更易于跨越族群的界限,融入周围的环境中。

综上所述,日本华裔高中之前受日本社会的影响,较倾向于隐藏其华裔背景,认同日本人的身份,从而融入日本社会。随着年龄增长,由刻意隐藏华裔身份到逐渐对其身份产生兴趣,他们逐渐由单一的族群认同转向对自我族群身份的探索。而汉语继承语的学习促进了华裔学习者华人族群认同的产生和发展。在学习语言的过程中,他们主动了解并搜集华人族群的历史和文化等,从而使他们对自我身份逐渐形成理性认识。

五 族群认同和继承语能力相互促进——由同化到整合

继承语的发展与族群认同是两个相互影响的过程,语言的使用会对族群认同的塑造产生影响,族群认同反过来又会影响语言的选择和使用。(Geerlings et al. 2015)日本华裔族群认同的特点决定了他们族群认同和继承语发展之间的关系有独特之处。

5.1 积极的族群认同促进继承语的发展

鞠玉华(2006)指出,日本新华侨华人由于事业发展的需要,加快了融入日本社会的进程,这一进程包括:对异国文化的好奇与抵触—入乡随俗—积极参与—谋求发展—作出贡献。为了被日本社会所接受,更好地融入主流社会,日本华裔对华人族群的认同中存在一定程度的被动和消极态度,这种消极的态度在语言方面表现得尤为突出。为了淡化或消除语言这一显著的族群区别特征,他们多倾向于选择说好日语,在言语和行为上与一般日本人无差别。可见,对华人族群认同的消极态度会直接阻碍日本华裔汉语的保持和发展。

Oh & Fuligni(2010)指出,继承语水平较低者有一种孤立于其文化社团外的感觉,这种参与社团能力的欠缺所产生的重要结果就是促进了他们对族群的认同。随着年龄的增长,华裔对华人族群的认同逐渐增强,他们普遍渴望跟中国的亲人沟通,但是"不会说汉语的话……亲戚都没法沟通,这个是特别痛苦的一件事情"(D),"奶奶、爷爷都不会说日语……就想跟他们聊天什么的"(E),沟通无疑是保持和增强他们与中国亲戚关系的重要手段,为了能更好地交流,他们逐渐对汉语产生兴趣,"上了高中就开始学汉语"(E),"高中时候做笔记的时候有意识地用简化字"(C)。沟通的需要使得汉语的重要性凸显出来,这也成为多数人学习汉语的原因和动力。最初对自身来源所产生的兴趣促使日本华裔主动对华人族群进行了解,从而逐渐产生积极的认同。逐渐深入的了解对他们的汉语能力也提出了要求,这就促进了他们的汉语能力的发展。由此可见,日本华裔对华人族群的积极认同会对其汉语继承语的保持和发展产生重要的促进作用。

5.2 汉语能力的发展强化了华裔的族群认同

族群语言能力的提升,使得移民后代有了更多和族群成员交流、参与族群活动的机会。在此过程中,他们不仅能够获得并了解更多本族群的信息,还能够增强对族群的归属感和依赖感。访谈中我们发现,华裔的汉语学习同样会对他们的族群认同产生影响。基本上所有的受访者都承认汉语学习促进了对他们对华人族群的认同,如 D 提到"我开始学中文,在这边生活,我受了中国人的思想、什么习俗、习惯的影响,所以我的想法是变成这样了(认为自己既是日本人又是中国人)",B 表示"因为我可能讲汉语讲得好,所以自己无意识地也认为自己一部分肯定是中国人吧"。访谈中我们也发现,随着汉语学习的深入,华裔对中国了解逐渐增多,特别是到中国留学之后,他们对中国的认同感也增强了,"在中国待得比较久了,会越来越多地感觉自己是中国人"(N)。随着汉语水平的提升,日本华裔有更多机会和华人交流,因而更容易得到有关华人群体及中国的更直接、更丰富的信息。对华人族群不断深入地了解,也使得他们更多地思考华人族群和华人身份对于自己的意义,在此过程中他们对华人族群的归属感也不断增强。由此可见,积极的族群认同会促进华裔汉语能力的发展,反过来汉语能力的提高同样会强化他们对华人族群的认同。

5.3 族群认同和继承语的发展呈现"同化"到"整合"的过程

华裔最初对华人族群的认同促使他们开始学习汉语,随着汉语水平的提高,他们对华人族群的认同感逐渐提升。访谈中我们发现,族群认同与继承语水平并非简单的线性关系,日本华裔第二代并不会因其汉语达到了高级水平而完全认同其华人身份,而是倾向于同时接受中国和日本两个族群的身份。问卷调查也证明了这一点,43.1%的人认为其综合了两个民族的特点,有40.9%的人希望被作为华裔日本人对待,即希望别人注意到他们两个族群的特征。

Berry(1990)认为个体在一个多元文化社会中的参与有四种可能情况:(1)分离,仅认同自己族群,拒绝多数或主流文化;(2)同化,拒绝自己族群的文化,认同多数族群;(3)整合,同时认同自己族群和多数族群;(4)边缘,同时拒绝两个族群。我们认为移民的语言掌握情况也有四种可能:(1)分离,仅掌握自己族群的语言;(2)同化,仅掌握所在国的语言,拒绝学习和使用自己族群的语言;(3)整合,同时掌握两种语言;(4)边缘,两种语言水平均比较低。对于日本华裔来说,很多人最初只说日语,隐藏自己的华裔身份,以融入日本族群,该阶段属于语言和族群认同的同化阶段。随着汉语水平提升,他们对华人族群的认同不断强化,与之前对日本族群的认同进行整合,当中日两种语言能力不分伯仲时,他们会努力在两个族群认同之间找到一个平衡点,最终达成族群认同的整合。

由此可见,日本华裔第二代的族群认同和汉语能力是一个变化的过程。正如他们的语言能力从单一的同化状态逐步发展为两种语言的整合状态一样,其族群认同的发展也非单一族群的认同,而是由同化逐渐向整合中日两种族群身份发展。族群认同的发展是一个连续统,并与汉语水平相适应,随着汉语逐步达到母语者水平,最终他们会在两种身份的认同中找到某个平衡点。

六 结语

本文采用问卷调查和访谈的方法对日本华裔族群认同状况、形成过程和特点、族群认同和继承语保持、发展的关系进行了较为深入的调查和探讨。调查显示,日本华裔:(1)对其背景和华人族群有一定了解,但对华裔身份之于自身的意义并不清楚;(2)对华人族群的归属感和依赖程度不高;(3)主观上希望融入日本社会,多数希望被当作一般日本人;(4)对族群的认同表现不一致,族群认同存在一定困难。质化研究发现:(1)日本华裔族群认同的困难源于家庭和社会环境的影响,随着汉语水平提高,族群认同问题逐渐凸显;(2)日本社会对移民的消极态度一定程度上弱化了华裔对华人族群的认同,为了应对外来的歧视,他们选择隐藏自己的华裔背景,努力融入日本社会;(3)日本华裔的族群认同随年龄增长而变化。高中之前,他们普遍倾向于隐藏自己的华裔身份。随着年龄的增长,他们逐渐对华人的历史和文化产生兴趣,并主动了解华人族群,对华人族群的认同程度逐渐提高。在族群认同和继承语保持关系方面,我们发现:(1)族群认同的强化一般会促进日本华裔的继承语学习;(2)继承语能力的发展会进一步强化他们对华人族群的认同;(3)日本华裔对华人族群的认同与继承语的保持都呈现出从"同化"到"整合"的过程,即由对单一族群的认同、单一语言的掌握发展为对中日两个族群的认同,同时掌握中日两种语言。

注　释

① 日本法务省. Immigration control and residency management in recent years. http://www.moj.go.jp/content/001310187.pdf, 2020-03-01.
② 问卷中第7题和第13题为反向问题,统计时我们对数据进行了正向转换。
③ 滚雪球方式属于目的性抽样的具体抽样策略之一,即通过一定的渠道找到一位知情人士,经由他找到更多的样本,直到收集到的信息达到饱和为止。(陈向明,2000)

参考文献

陈向明(2000)《质的研究方法与社会科学研究》,教育科学出版社。
鞠玉华(2006)日本新华侨华人状况及未来发展走向论析,《世界民族》第2期。
张岩红(1999)不同文化背景下的中日语言表达差异,《外语与外语教学》第5期。
Berry, J. W. (1990) Psychology of acculturation. In Berman, J. J. (ed.). *Cross-cultural Perspectives: Nebraska Symposium on Motivation*, 201—234. Lincoln: University of Nebraska Press.
Chinen, K. & Tucker, G. R. (2006) Heritage language development: Understanding the roles of ethnic identity, schooling and community. In Kimi Kondo-Brown (ed.). *Heritage Language Development*, 89—126. Amsterdam/ Philadelphia: John Benjamins Publishing Company.
Choi, J. Y., Lee, J. S. & Oh, J. S. (2016) Examining the oral language competency of children from Korean immigrant families in English-only and dual language immersion schools. *Journal of Early Childhood Research*, 16(1).
Dixon, L. Q., Zhao, J., Quiroz, B. G. & Shin, Jee-Young (2012) Home and community factors influencing bilingual children's ethnic language vocabulary development. *International Journal of Bilingualism*, 16(4).

Geerlings, J., Verkuyten, M. & Thijs, J. T. (2015) Changes in ethnic self-identification and heritage language preference in adolescence: A cross-lagged panel study. *Journal of Language and Social Psychology*, 34(5).

Hidldebrandt, N. & Giles, H. (1983) The Japanese as subordinate group: Ethnolinguistic identity theory in a foreign language context. *Anthropological Linguistics*, 25(4).

Kim, S. Y. & Chao, R. K. (2009) Heritage language fluency, ethnic identity, and school effort of immigrant Chinese and Mexico adolescents. *Cultural Diversity and Ethnic Minority Psychology*, 15(1).

Lee, R. M. (2003) Do ethnic identity and other-group orientation protect against discrimination for Asian Americans? *Journal of Counseling Psychology*, 50(2).

Liebkind, K. (2001) Acculturation. In Brown, R. & Gaertner, S. (eds.). *Blackwell Handbook of Social Psychology: Intergroup Processes*, 386—406. Oxford: Blackwell Publishers Ltd.

Oh, J. S. & Fuligni, A. J. (2010) The role of heritage language development in the ethnic identity and family relationships of adolescents from immigrant backgrounds. *Social Development*, 19(1).

Park, H., Tsai, K. M, Liu, L. L. & Lau, A. S. (2012) Transactional associations between supportive family climate and young children's heritage language proficiency in immigrant families. *International Journal of Behavioral Development*, 36(3).

Phinney, J. S. (1992) The multigroup ethnic identity measure: A new scale for use with diverse groups. *Journal of Adolescent Research*, 7(2).

Phinney, J. S. (1996) Understanding ethnic diversity: The role of ethnic identity. *American Behavioral Scientist*, 40(2).

Phinney, J. S. (2003) Ethnic identity and acculturation. In Chun, K. M., Organista, P. B. & Marin, G. (eds.). *Acculturation: Advances in Theory, Measurement and Applied Research*. Washington, DC: American Psychological Association.

Ponterotto, J. G., Gretchen, D., Utsey, S. O., Stracuzzi, T. & Saya, R. (2003) The Multigroup Ethinc Identity Measure (MEIM): Psychometric review and further validity testing. *Educational and Psychological Measurement*, 63(3).

Rothe, E. M., Pumariega, A. J. & Sabagh, D. (2011) Identity and acculturation in immigrant and second generation adolescents. *Adolescent Psychiatry*, 1(1).

Zhang, J. (2015) Specific xenophobia? Japanese acceptance attitudes toward Chinese immigrants. *Journal of the Graduate School of Asia-Pacific Studies*, 30.

作者简介

邵明明，首都师范大学国际文化学院，讲师。Email:shaomingming@cnu.edu.cn。

19 世纪早期外国人汉语学习著作的评论①

陈恩维(译)

广东外语外贸大学中国语言文化学院

提　要　19 世纪早期,随着西方各国与中国的交往日益增多,西方人学习汉语的需求和愿望日益增强,研究中文的著作以及适合于外国人学习中文的资料不断增多。1838 年 7 月,《中国丛报》刊发了《对现有的汉语学习资源、特别是适合英美学习者的著作的评论》一文,对早期西方人汉语学习史上的一些重要人物和重要作品做了点评,并就 19 世纪早期西方汉语教育史的发展过程进行了初步梳理,对了解早期世界汉语教育史以及西方汉学史不无裨益。译者翻译了全文,并且根据内容将原文分为五节,拟定了正文和各节标题,对文章涉及的汉学家和汉学著作逐一做了注释,以便读者进一步了解当时的学术背景。

关键词　汉语学习　汉语教育　汉学

汉语,长期以来被那些本应当有兴趣去介绍它、了解它的人所忽视,现在却开始在英国和美国引起了人们前所未有的关注。英国已经设立了一个汉语教授职位,英华书院一位有过教学经验的先生是非常合适的人选,已出任该职。在基德②牧师的指导下,我们希望看到很快能有更多的人在这一领域对雷慕沙③、柯恒儒④、儒莲⑤和其他欧洲大陆学者起而效之。现在,曙光到来了。在与古希腊罗马思想影响完全不同的情况和环境下形成的人类思想史,很快将会被揭晓。但是,对于中国而言,它将继续对商人、旅行者、对古代知识的探求者和现代信息的传递者紧闭大门,但也将不再是一片无法认知的土地。

但是,美好的未来展望,并不能遮蔽学生缺乏对中文的学习热情这一令人沮丧的现实。课堂上的生动口语,必须辅之适合的书面指导。对于许多人而言,后者将会完全取代前者。我们曾不止一百次被问到这个问题:"开始学习汉语的最佳模式是什么？最有用的初级书籍是什么？"虽然这些问题经常被提及,我们还是很难回答。我们建议提问者查阅雷慕沙的《汉文启蒙》⑥,此书满是明晰的语法规则;江沙维⑦的《汉字文法》⑧,给阅读和会话提供了很多很好的范例和练习;而马礼逊(Robert Morrison,1782—1834)的《中文会话凡例》⑨,则以逐字翻译为学生提供目前他们所能接触到的最好的初级学习课程。然而，并不是所有学习中文的人都熟悉法语，也很少有人能从葡萄牙语著作中受益；《中文会话凡例》的全部版本几乎都被淹没在阿尔赛斯特号⑩沉船中，很难找到副本。因此，我们必须举出一些其他的作品来代替这些作品。

一　语法和口语著作

关于语法，我们可以参考马礼逊的《中文会话凡例》。这本书有个优点，它是作者在学习中文的早期阶段写的，作者对初学中文时的困难记忆犹新；但这种情况本身也意味着，作者不了解许多中文习语的特性，对中文的奥秘缺乏深入了解。这部作品发出了一束希望之光，指引后来的学生奋力追赶前辈的脚步；但这一束光不能遮挡白昼的光明，因此有必要让学生自己选择最好的学习道路。既然这样，我们宁愿向那些从学校的经典教学课程中受益的人推荐马若瑟⑪的《汉语札记》⑫。学习者们会发现这本书非常有用，因为书中有大量非常有用的例句可以帮助他们熟悉相关语言。它的一大缺点，是缺乏从广泛经验中推导出来的通用的句法结构规则。作者详细阐述了特定的词语和短语、不同用意以及主要动词和名词的相对位置；但并没有说明排列这些含有特定信息的语言单位的遣词造句的一般原则。然而，对于高级汉语学习者来说，这部著作仍然是非常有价值的。雷慕沙的《汉文启蒙》之所以有它的价值和重要性，不仅因为它提供了马若瑟所缺乏的那些普遍规则，而且因为它出版时那位英国贵族还没有慷慨地把《汉语札记》送到每个学生手中。既然谈到了这些语法书，我们就不能随便拿马士曼⑬、傅尔蒙⑭、巴耶尔⑮、蒙鲒⑯、万济国⑰等人的著作来做泛泛的、针对性不强的批评了。一旦提到这些著作，我们就要指出这些语法书在很多方面并不适用，无法满足读者的需求，比如无法全面了解汉语习语的需求、阅读本土作家著作的需求和以在中国传播宗教和科学知识为目的的写作需求——这是一项更为困难的任务。⑱

关于口语和书面语的风格，江沙维在他的《汉字文法》中给出了很多例子，我们找不到足够好的替代品。在马若瑟和雷慕沙的著作中有许多类似的例子；还有一些中文著作，以对话和单句的形式，很好地体现了口语化的风格。但前者需要汇集和编排，后者则需要翻译的帮助。对于马礼逊《中文会话凡例》的逐字翻译，我们可以在德庇时⑲的《贤文书》⑳中找到一个很好的替代品，它提供中文语法结构的样本，运用了相似的逐字翻译方法。在雷慕沙的《汉文启蒙》中，每个条目下的例子也以同样的方式进行了翻译。

以上这些评论，说明了学生并非完全没有学习汉语的有利条件，但也同样清楚地说明了以更方便的方式为学生提供这些手段的重要性。目前，学生必须掌握除母语外的两种欧洲语言，才能在学习中文上有优势。尽管许多人已经做好了经受乏味和辛劳的准备,要通过某种媒介语来习得一门外语,但这些困难必然会极大地阻碍学生的学习进程。我们推荐的现存最好的作品,也难免受到严厉批评。雷慕沙的《汉文启蒙》无可指摘。对江沙维的《汉字文法》缺陷的指责,多于对其错误的指责:他所举的例子没有一个是逐字逐句的翻译,他的译文意译的味道往往太浓,无法让学生对中文句子结构有清晰的了解。马礼逊的《中文会话凡例》和德庇时的《贤文书》的编纂,主要是为了满足口头表达的需要。总的来说,它们实现了他们所要达到的目的,但在一些细节方面,还有很大的改进空间。

二　汉语学习课本

我们相信,(学习中文的)英美学生数量众多,他们的注意力很快就会转移到汉语学习上来。我们迫切希望提供一门统一的汉语初级学习课程。同时,有人请求我们,代表那些不顾艰难、挣扎着完成初级课程的人,介绍一下能提供更高级别课程的现有学习机构。

在我们的童年时代,我们首先学习拉丁文语法和《古语选粹》(*Delectus sententiarum*),这些逐字翻译的著作对我们的帮助比我们所希望的要少,也缺乏我们刚刚抱怨过的江沙维《汉字文法》中所具备的东西。这就是我们的初级课程。我们的高级课程是阅读我们熟悉的《费德鲁斯寓言》②、清晰易懂的凯撒的《高卢战记》②和优雅的……但是,我们浪费文字去勾起读者的回忆有什么用呢?读者必须通过重复的肌肉运动去获得拉丁语知识,这真是痛苦的回忆。然而,我们必须表明我们的信念:如果我们的老师把令人欣赏的译本和建设性的克拉克(Samuel Clarke,1599—1682)《神圣生活的指示》(*Ordo of Clarke*)放在我们手中,我们就会得到更多的好处,老师们也可以少做一些体力劳动。如果我们的老师能不厌其烦地向我们解释摆在我们面前的文章的含义和难点,我们的课程就会有更大的、难以估量的收获。在伦敦大学学院的专业教授那里、在巴黎皇家学院的教授那里,无疑会给学中文的学生这样解释。但是,我们现在主要是针对那些无法享受口头教学便利的单个学生。对于他们,我们不能保证会有许多像克拉克的译文那样忠实的译文,也不能保证有任何一种译文能按照英语的句式结构来表现汉语的语序。但是,我们可以找到一些将中国作品忠实地翻译成英语、法语和拉丁语的好译本。我们将会把它们列入高级汉语课程学习书目中来。

我们认为,口语化的写作风格通常不涉及表达,也不存在措辞上的歧义,相对于许多现代书籍精雕细琢的风格或古典文学的简洁严肃的风格,更适合于写作。我们认为,对尚未达到高级阶段的学生来说,康熙《圣谕十六条》(*the Maxims of Kanghe*)和其皇子雍正的口语化解读②,是这一类著作中最好的范例。这是指已故米怜③博士翻译的《圣谕广训》(Sacred Edict)。许多评点和注释,都是以类似的风格写在几部中国古代经典上的;但我们不知道这些评注是否被翻译成了任何欧洲语言。

接下来是通俗文学作品,中国人称之为"小说",即琐碎的作品。与历史和道德作品不同,后者被称为"大说",即"重要的著作"。这类作品包括小说或历史演义小说以及戏剧作品。小说应当优先考虑(翻译),因为它没有舞台技术问题,而且不受韵律的束缚(除了随处散落的一些诗句),而这些束缚使戏剧作品对初学的人来说十分困难。在小说方面,《好逑传》(Haou Kew Chuen)和《玉娇梨》(Yuh Keaou Le)是最好的样本之一。这两部小说都有译本,前者由德庇时先生翻译,标题为"幸福的婚姻"(The Fortunate Union)⑤,后者由雷慕沙先生翻译,题为"两位表姐妹"(Les Deux Consines)⑥。后者也有英文版本,但是我们估计它出自一位不懂中文的外国人之手,因此我们很难指望他对法文译本的英文转译能够忠实于中国文体,这样也就无法对学习语言学的学生产生很大帮助。这两部作品也许可以被认为是在通俗风格方面进行了充分的实践,但我们一定要对巴黎皇家学院现任中文教授儒莲先生严密而优雅的翻译作品表示由衷的赞许。他所出版的这类作品有:《平山冷燕》,题为"白与蓝,两个仙女的通道"(Blanche et Bleue, ou les Deux Couleuvres-fées);《赵氏孤儿》,题为"中国孤儿"(L'Orphelin de la Chine),其中加入了几个错综复杂的片段⑫;还有《灰阑记》,题为"历史的循环"(L'Histoire du Cercle de Craie)。后两部译作是戏剧作品,可以提供一些阅读诗歌的练习,因为原文的大部分内容都是用诗句写的。我们有一些中国戏剧的英语译本,即由德庇时先生翻译的《老生儿》和《汉宫秋》,标题是"晚年继承人"(Heir in Old Age)和"汉代的悲哀"(Sorrow of Han)。德庇时先生和儒莲先生的零散译作可能会被略过,因为其原文分散在好几本书里,不在中国定居的人可能很难买到。

然而,对杰出的中国演义小说《三国演义》(San Kwo Che)——也就是"三个主要国家的历史"的摘译,是不可能不被提及的。该作品经常被一个人提及,当作我们所熟知一种文体的最佳样板。他英年早逝,过早地离开了中文语言和传教这两个领域,在很长的一段时间里人们都叹惋不已。他就是已故的米怜博士。德庇时先生对这部演义小说的摘译,附在他的《汉文诗解》㉘一书的澳门再版中;而儒莲的摘译,则构成了《赵氏孤儿》的一个附录片段。

这些口语化风格的作品,是说教性和描述性的,也包括古典性的作品。在描述性的作品中,只需提到小斯汤东(Sir George Thomas Staunton,1781—1859)翻译的《异域录》㉙,题为"中国使者出使土尔扈忒纪事,1712—15"(Narrative of the Chinese embassy to the khan of the Tourgouth Tartars, in 1712—15);以及雷慕沙翻译的《真腊风土记》㉛，标题为"对于真腊的描述"（Description du Cambodje）。后者一开始在《新旅行年鉴》（Nouvelles Annales des Voyages）中出版，后来又作为作者《亚洲论集》㉜的一部分重版。在说教性作品中，儒莲翻译的《太上感应篇》，以"关于道和德的书"（Livre des Récompenses et des Peines）为题，提供了一个很好的样本。由小斯汤东先生翻译的《大清律例》（The Chinese Penal Code），可以与说教性作品相提并论，因为它们在风格上是相似的。在这些近代和古典作品当中，中国孩子的教育通常是从背诵蒙书开始，其中《三字经》和《千字文》占据了中心位置。《三字经》第一个译本已经出版了数年，由马礼逊博士翻译，并作为《中国文集》㉝的一部分，这个译本后来由蒙图奇（Antonio Montucci，1762—1829）在他的"两部计划出版的汉语词典的比较"（Parallel between two intended Chinese Dictionaries）中重新出版。由基德先生翻译的最新版，被附在英华学院的1831年报告中。这两本书的译本也出现在我们《中国丛报》第四卷中。

　　经典作品包括：第一，入门课程《小学》，包括一些关于孝道的条文；第二，"四书"；第三，"五经"。除此以外，我们还可以加上古代十位哲学家的著作，他们生活在秦始皇焚书坑儒之前，但他们的著作还没有一本被完整翻译过。部分翻译已经出现在前几卷《中国丛报》所刊登的《拾级大成》㉞中，且还处在出版过程中。关于"四书"的选译，已经出版了好几种。唯一完整的一部，是已故的英华书院校长高大卫先生的译本㉟。另一个完整的法文译本正在准备中，也可能已经出版了，由卜铁㊱先生负责，书中有大量的语言学注释作为说明。除此以外，还出现了"四书"前三部的拉丁文译本，由殷铎泽㊲和卫方济㊳翻译，又构成了《中国哲学家孔子》㊴的一部分；"四书"前两部的法译本成为《中国回忆》（Mémoires sur les Chinois）的一部分；而"四书"的第一部，即《大学》的第一个英文版本，是马礼逊《中国文集》的一部分；"四书"的第一部和第三部由马士曼和他的儿子约翰·马士曼翻译㊵，在塞兰坡（Serampore）出版；只有这些最后的版本附有原文和语法练习；第三部（译者注：《论语》），还有德语和拉丁语版本，由硕特㊶翻译。但是，对学生来说，最有用的译本是雷穆沙翻译的第二部法语版㊷和儒莲以拉丁文翻译的第四部㊸。两者都附有原文，并有大量的插图作为说明。儒莲的翻译是逐字翻译，但并不完全缺乏优雅；雷慕沙的翻译也是拉丁文的逐字翻译。雷慕沙的作品名为"不变的中心"（L'Invariable Milieu），儒莲的译本名为"孟子人生故事"（Mengtseu vel Mencius）。就对学习者适用性而言，从各方面来说它们都是现存的最佳译本。在"五经"中，宋君荣神父的《尚书》意译的味道相当浓㊹，中文标题为"书经"；孙璋神父翻译了《诗经》（National Odes and popular Ballads）㊺。雷孝思神父将《易经》翻译成了拉丁文㊻；《礼记》和《论语》现在正由儒莲翻译。

三 汉语学习词典

当有人带领学习中文的学生读完我们提到的这几部作品，或是一类作品中的多部，对它们的各种风格有了充分的了解后，就可以放心大胆地在博大精深的中国文学中遨游了。毫无疑问，他们仍然会遇到困难，但如果完全掌握了这门课所教的语法结构规则，再借助字典，那么他们将可以很容易地克服几乎所有的障碍，并自信地继续前进。因此，我们只需要说出他们可以利用的字典就可以了。就通用语而言，有三本词典。

叶尊孝(Basile de Gemona，1648—1704)的字典，拉丁文和法文，以小德金①的名义出版，柯恒儒对其进行了补充②。它是根据214个部首或符号来排列的，因为它们在欧洲已占主导地位。另一个小版本字典，一卷本，皇家八开版，即将在巴黎出版，由卜铁先生负责。马礼逊的《华英字典》，正如我们大多数读者已经知道的那样，分为三个部分：第一部分按照部首排列；第二部分按照中文单词的初始发音，以英文字母顺序排列；第三部分是供以中文写作的人使用的，根据英文单词排列，并提供相应的中文单词。江沙维的字典分为两部分：一部分是葡萄牙语和汉语，按照葡萄牙语字母的顺序排列；另一部分是汉语和葡萄牙语，按照129个部首或符号排列，这些都是由博学的作者亲自挑选的。还有几本词典是手稿，它们大多以叶尊孝的原版词典为基础。在广州，有两位先生收藏着两本词典手稿，其编排与马礼逊字典的第三部分相同，一本是法汉字典，另一本是拉汉字典。来自澳门圣若瑟的江沙维神父即将出版一部拉—汉语词典③，这部字典源于与之相似的其他字典的手稿和他自己的研究。儒莲先生也为编一部中文术语词典收集了很多资料。

四 方言研究著作

在中国一些省的地方方言中，福建省的漳州方言、广东省的潮州方言和海南方言是受到欧洲人较多关注的方言。也许我们可以加上交趾支那语，它与官话的差别似乎不比福建方言更大。关于后一种方言，麦都思先生最近出版了一本字典，按照首字的发音排列，标题是"福建方言字典"④。多年以前，他还出版过一本小型词汇书，现在已经绝版了。关于广州方言，马礼逊博士在1829—1830年出版了一本由三部分组成的广东方言词汇表⑤。关于交趾支那语，目前居住在加尔各答的该国天主教主教正在出版一本词典。至于其他方言，我们认为还没有出版过任何东西。儒莲先生有一本福建方言的词典手稿，其中有西班牙语的注释，这是一部完成难度极高的汇编著作。我们看到了其中的一个摘录，但太简短了，我们无法判断其准确性。

在这些简短的评论中,我们努力注意到了每一部有价值的作品。如果由于我们的无知而遗漏了什么,那么至少我们的读者可以放心:我们没有遗漏任何容易获得的有价值的著作。在未来一期中,我们打算开列一个书单(我们尽可能使之完善),囊括欧洲的中国语言学著作和中国著作的欧洲译本。一旦我们的报纸传到俄国,俄国人恐怕会发现我们对俄国汉学家缺乏应有的关注。我们不得不承认,我们完全不了解那里的牧师和学生们的中国文学修养达到了什么程度,他们在天子的宫廷中经历了十年的流放。从去年 8 月的《雅典娜神殿》杂志中摘录的这段话可以表明,他们并没有完全忽视中文:

"根据 5 月 23 日的公告,俄国沙皇在喀山大学㉛设立了一个汉语教授职位,并将其授予给曾长期居住在北京的阿基米德大公达尼尔㉜。除此之外,他们还购买了大量的中文书籍和手稿。因此,这所大学现在有四个东方语言的教授职位,另外三位教授分别通晓阿拉伯语和波斯语、土耳其语和鞑靼语以及蒙古语。"

注 释

① 本文原题为"Review of the facilities exisiting for the study of the Chinese language, especially as regards England and America",刊载于《中国丛报》第七卷第三期,1838 年 7 月出版,第 113—121 页。原文没有分节,为便于读者阅读并进一步了解当时的学术背景,译者将原文分为五节,重新拟定了正文标题和各节小标题,并对涉及的汉学家和汉学书籍做了注释。

② 基德(Samuel Kidd,1799—1843),英国伦敦人。1820 年,进入伦敦传道会的培训学院学习。1824 年 11 月抵达马六甲。1827 年被任命为马六甲英华学院中文教授。1837 年,被任命为伦敦大学学院的首任中文教授。1838 年在伦敦出版《皇家亚洲学会中文文库目录》(*Catalogue of the Chinese Library of the Royal Asiatic Society*)。

③ 雷慕沙(Jean Pierre Abel Rémusat,1788—1832),法国著名汉学家。1814 年担任了法兰西学院主持的"汉文与鞑靼文、满文语言文学讲座"教授。雷慕沙是第一位在欧洲仅从书本了解中国而成功地掌握了有关中国深广知识的学者。他曾发表有《中国语言文学论》(1811 年)、《汉语及满语所记——铭文之解读》(1812 年),著有《汉语语法基础》(1822 年)、《中国短篇小说》(三卷本)等。

④ 柯恒儒(Heinrich Julius Klaproth,1783—1835),德国语言学家、历史学家、民族志学家、作家、东方学家和探险家。他在将东亚研究转变为具有批判性方法的科学学科方面发挥了重要作用。

⑤ 儒莲(Stanislas Julien,1797—1873),男,法国籍犹太汉学家。他向西方介绍有关中国农业、蚕桑、陶瓷方面的汉学书籍,并把一些中国小说、戏曲等译成法文。在法兰西学院教学中,儒莲放弃用系统方法讲授汉语语法,更喜欢通过诠释文献,来归纳汉语语法结构准则;儒莲的教材使用和教学方法有自己的特色。

⑥ 《汉文启蒙》(*Elémens de la grammaire chinoise, ou Principes généraux du Kou-wen ou style antique, et du Kouan-hoa, c'est-à-dire, de la langue commune généralement usitée dans l'Empire* chinois),雷慕沙著,1822年出版。作者充分利用了马若瑟的语法未刊稿。

⑦ 江沙维(Joaquim Afonso Gonçalves,1780—1841),亦称公神甫,葡萄牙籍汉学家,是一位于19世纪上半叶在澳门活动的著名汉学家。

⑧《汉字文法》(Arte China),1829年出版,是一部汉语的综合教科书。全书共分3册8章,包括汉语语音、汉字笔画和部首,以问答编排,有实用课文、中国俗语、中国历代史、作文笔法、公文程式等内容。该书在欧洲影响很大,欧洲汉学界对此书评价很高。

⑨《中文会话凡例》(Dialogues and Detached Sentences in the Chinese Language;with a free and verbal translation in English),8开本,澳门,1816年,262页。

⑩ 阿尔赛斯特号(Alceste),是英国阿美士德(William Pitt Amherst,1773—1857)访华使团归国时所乘坐的船只,于1817年在印尼海域遇险沉没。

⑪ 马若瑟(Joseph de Prémare,1666—1735),法国人,天主教耶稣会传教士。康熙三十七年(1698)来华,在江西传教。雍正元年(1723)禁天主教时,遣回广州。后卒于澳门。居华期间曾将明版《元人百种曲》等多种中文书籍寄回法国,后被译成法文。有拉丁文汉语语法专著《汉语札记》,译有法文本元曲《赵氏孤儿》。曾与赫苍璧合编《拉丁文汉文字典》。

⑫《汉语札记》(Notitia Linguae Sinicae),马若瑟著。它是世界上第一部将汉语白话口语与文言加以区分并分别论述的著作。其引用的中文例句多达一万两千余条,除语法知识,还兼论音韵、修辞、俗谚、文学、礼仪等内容,堪称当时西方人有关中国语言和文学的知识大全。该书在从完稿到正式出版之前的百余年间,以各类手抄本的形式在欧洲各国汉学家之间流传,19世纪在马六甲出版后,被誉为"19世纪以前欧洲最完美的汉语语法书",为当时致力于学习汉语的来华传教士和欧洲学者所倚重。

⑬ 马士曼(Joshua Marshman,1768—1837),英国浸礼会传教士。1799年,赴印度传教,在塞兰坡(Serampore)定居。他将《圣经》翻译为汉语,将《论语》译为英文,还用英文撰写了英语世界最早的汉语语法书《中国言法》(Elements of Chinese Grammar,1814)。

⑭ 傅尔蒙(Étienne Fourmont,1683—1745),法国汉学家、阿拉伯学家。侨居法国任中文翻译的黄嘉略英年早逝,傅尔蒙整理黄氏有关汉语语法的遗稿。

⑮ 巴耶尔(Gottlieb Siegfried Bayer,1694—1738),德国古代文献专家、历史学家、语文学家和东方学家。著有《中国博览》(Museum Sinicum),是欧洲早期汉学中欧洲本土汉学研究的代表人物和奠基人物。

⑯ 蒙牁(François de Montigny,1669—1742),清初来华的法国传教士,曾在康熙南巡时获得赐见,在禁教期间被驱逐出国。1711年7月被委任为巴黎外方传道会神学院的理事之一。1714年被调往罗马,担任外方传道会驻罗马的代表。1742年在巴黎逝世。

⑰ 万济国(Francisco Varo,1627—1687),西班牙来华传教士。1649年抵达厦门,在福安、福州等地宣教38年。其《官话文法》约于1667年始撰,1682年完成西班牙文稿,1684年完成拉丁文稿。《官话文法》共十六章,其中有十章讨论词类,将汉语字词分为十八类。

⑱ 原文注:有人说,这些作者,至少是马士曼,应该比这里得到更多的关注。必须要记住的是,我们所说的是初级的作品。马士曼的那部著作(译者注:《中国言法》),被称为"汉语密钥"——不管它对高级汉语高级学者有多大的价值或好处,只要他能筛去小麦中的糠,在避免其错误的同时吸收一个有独

创性的思想家的观点的话——这恰恰是一本我们不能当作初级作品的书。它内容冗杂,这是它的一个缺点,它是从一部书面作品,即经典中抽取出来的语法。它充满了错误,这源于作者对中国口语知之甚少或者知道得不准确。

⑲ 德庇时(John Francis Davis 1795—1890),英国人。18岁到广州,在东印度公司任职。1816年作为英国使团随员到过北京。1833年英国成立驻华商务监督署,被任命为商务监督。1844年担任第二任香港总督,并兼任英国驻华公使。他是19世纪第一位全面译介中国文学的英国汉学家,在中国诗歌、小说和戏曲方面译著颇丰。

⑳ 《贤文书》(Hien Wun Shoo, or Chinese Moral Maxims),由德庇时于1823年首次出版,翻译了包括中国格言、谚语等在内的熟语201句,内容囊括了修身养性、交友处世、天理人伦等诸多方面,以帮助欧洲人理解中国人的思想。

㉑ 《费德鲁斯寓言》(The Fables of Phaedrus),古罗马寓言作家费德鲁斯(Phaedrus)著,共5卷,现存130多首寓言。他的寓言主要写动物故事,有不少是借用伊索寓言的题材,同时也注意从现实生活中取材,或利用神话传说、民间故事、历史笑话和流行的哲学格言等进行创作。

㉒ 《高卢战记》(Commentarii de Bello Gallico)是古罗马盖乌斯·尤利乌斯·凯撒创作的报告文学,是他对自己功业所做的看似"平实"的记录,发表于公元前51年。其中前七卷是凯撒执笔,记叙了公元前52年秋之前的历史,凯撒的一位副将希尔提乌斯(Hirtius)曾为此书续写了第八卷,把战争叙述到公元前50年。

㉓ 这里指《圣谕广训》,分为康熙《圣谕十六条》与雍正《广训》两部分。雍正二年(1724)出版,训谕世人守法和应有的德行、道理。

㉔ 米怜(William Milne, 1785—1822),英国基督教新教传教士。1813年,由伦敦会派遣来澳门与马礼逊一起活动,定居马六甲直至死。在马六甲创立英华学院,开办中文月刊《察世俗每月统纪传》和英文刊物《印支搜闻》。其英文著作 The Sacred Edict,由康熙上谕十六条、其子雍正的衍义文字以及一位官员对全文的释义组成,共299页,1817年在伦敦出版。

㉕ 《好逑传》的首译者是英国东印度公司广州职员詹姆斯·威尔金森(James Wilkinson)。1761年,英国大主教帕西将威尔金森手稿整理并在伦敦出版,题名"The Pleasing History",这是《好逑传》的第一个英译本。德庇时根据嘉庆丙寅年镌刻的"福文堂藏板"重译了《好逑传》,题名"The Fortunate Union",1829年在伦敦出版。

㉖ 《玉娇梨》(Iu-Kiao-Li, ou Les Deux Consines),这是西方汉学界第一次对中国的通俗文学的翻译。1827年此译本被译为英文,立刻轰动了英国,英国文人被小说中体现出来的中国人的道德观念所震撼。

㉗ 《赵氏孤儿》,又作《中国孤儿》,附有提供此一主题的用散文体和诗歌体写成的几出历史剧本,还有一些中国小说和中国诗歌,1834年在巴黎出版,共352页。

㉘ 德庇时《汉文诗解》(On the Poetry of the Chinese),是第一部尝试着全面、系统地介绍中国古典诗歌的专著。1834年版《汉文诗解》之后附录了德庇时翻译的《三国演义》中的两个故事:一是《造反的张氏三兄弟的命运》(Fate of the Three Rebel Brothers Chang);二是《何进的历史与命运》(History and

Fate of Ho-tsin)。

㉙《异域录》,图理琛撰,一卷。图理琛于康熙五十一年(1712)奉命出使土尔扈特,康熙五十四年回到北京,因述所经各地的道里、山川、民俗、物产等,撰成此书,并冠以舆图。内容多有前人舆记所未载者。

㉚《真腊风土记》,元代人周达观著。它是一部介绍位于柬埔寨地区的古国真腊历史、文化的中国古籍,是现存与真腊同时代者对该国的唯一记录。雷慕莎1819年将其译为法文。

㉛《亚洲论集——对东方国家宗教、科学、习俗、历史、地理的研究精要》(*Mélanges Asiatiques, ou Choix de morceaux critiques et de mémoires relatifs aux religions, aux sciences, aux coutumes, a l'histoire et a la géographie des nations orientales*),巴黎,1825年,2卷,8vo。

㉜《中国文集》(*Horae Sinicae: Translations from the Popular Lierature of the Chinese*),马礼逊著,1812年在伦敦出版。该书包括《三字经》《大学》和其他一些篇章段落,出版不久就已非常稀见。后经蒙图奇(Antonio Montucci, 1762—1829)做了一些修订,于1817年在伦敦重版,第二部分为四开本,第一部分则是"两部计划出版的汉语词典的比较"。

㉝《拾级大成》(*Easy Lessons in Chinese*),美国来华传教士卫三畏(Samuel Wells Williams, 1812—1884)编订,8开本,1842年澳门出版。

㉞高大卫(David Collie,?—1828),英国伦敦传道会牧师。1822年到达马六甲,在马礼逊指导下学习汉语。1827年任英华书院院长,1828年因操劳过度逝世。1828年曾在马六甲出版《注解本英译四书》(*The Chinese Classical Works, commonly called the Four Books, translated and illustrated with notes*)。因为此前儒家典籍英译的匮乏,高大卫的译本得到了英语世界一些学者的重视,成为西方学术界研究中国儒学思想的一个重要文本。

㉟卜铁(G. Pauthier, 1801—1873):曾与儒莲一同投在雷慕沙门下。他采用了罕见的勒格朗(Marcellin Legrand)拼合字(亦称"叠积字")印刷中文,即将中文形声字的偏旁与原字分开铸造再加以拼接组合。其《中国地理历史文学图识》(俗称《中国图识》),采用欧洲第一套汉字印刷术——勒格朗活字印刷。

㊱殷铎泽(Prosper Intorcetta, 1625—1696),清初来华的意大利天主教传教士。1642年入耶稣会。顺治十六年(1659)来华,奉派往江西传教。杨光先兴历狱时,被遣送至广州。康熙十年(1671),奉命往罗马向耶稣会总会长报告教务。康熙十三年返华。十五年,任中国、日本会务视察员。二十六年,任耶稣会副省会长。二十八年,曾觐见南巡至杭的康熙帝,使被浙江巡抚强令改为佛寺的天主教堂得以重建。曾同郭纳爵将《大学》《中庸》《论语》等译成拉丁文。著有《耶稣会例》《西文四书直解》等。

㊲卫方济(Noel, Francois 1651—1729),比利时人。天主教耶稣会传教士。康熙二十六年来华,在江苏、安徽、江西等地传教。四十七年返欧。著有《印度与中国数学和物理学的观测(1684—1708)》等,并译"四书"为拉丁文。

㊳《中国哲学家孔子》(*Confucius Sinarum Philosophus*),中文标题称《西文四书解》。柏应理(Philippus Couplet, 1624—1692)在巴黎印行。书中有中国经籍导论、孔子传和《大学》《中庸》《论语》的拉丁译文。所译"四书"中的三书,均是用的殷铎泽、郭纳爵的译本,并附注疏。

㊴马士曼《孔子的著作,包括原文及译文》(*The Works of Confucius, Containing the Original Text, with a Translation*),是第一部真正意义上的《论语》英译本。其子约翰·马士曼(John Marshman, 1794—1877)英译的《大学》(*TA-HYOH*),收录在马士曼《中国言法》(*Clavis Sinica*:*Elements of Chinese Grammar*)中,由马士曼审订完成。

㊵ 硕特(Wilhelm Schott,1802—1889),德国东方学家和汉学家。硕特于1826年以德文出版了《中国的智者孔夫子及其弟子们的著作》(*Werke des tschinesischen Weisen Kung-Fu-Dsü und seiner Schüler*)一书,共两卷。卷一为《论语》(*Erster Theil Lün-Yü*),是第一个直接从汉语将《论语》翻译成德语的人。

㊶ 1817年雷慕沙翻译出版了"四书"中的一部书《中庸》(*L' Invariable Milieu*),其中包括汉文原文、满文译文以及雷慕沙所译法文和拉丁文两版译文,并附有一些注释,于巴黎出版。

㊷ 1824年儒莲依据满文译文完成拉丁文本的《孟子》,该书拉丁文标题为"*Men Tseu*;*vel Mencium inter Sinenses Philosophos, Ingenio, Doctrina, Nominisque Claritate Confucio Proximum, Lutetiae Parisiorum*"共两卷,于1824—1826年间在巴黎出版。

㊸ 宋君荣(Gaubil,Antoine,1689—1759),18世纪来华的法国耶稣会传教士。其法文《尚书》译本,由法国汉学家德金(Joseph de Guignes)编辑,于1770年在巴黎出版。其采用的底本是康熙年间的孔安国古文《尚书》的满文译本,内容包括译文、注释以及编者添加的补注、插图和中国上古三皇简史,译文附有宋君荣关于书中上古天文学的研究论文——《〈书经〉中的天文学》,卷首是马若瑟写的"尚书之前时代与中国神话研究"。该法文译本面世后获得了很高的评价。

㊹ 孙璋(Alexandre de Lacharme,1695—1767),在1733年至1752年间完成了《诗经》的拉丁文散文体译文,附有详细注释,原稿收藏于巴黎国家图书馆。1830年,德裔汉学家朱利斯·莫尔(Julius von Mohl,1800—1876)编辑出版,书名为"孔夫子的诗经",这是刊行于欧洲的第一本《诗经》全本,莫尔为此书撰写了序言,并编辑了两个索引。此译本的问世,给法国诗经学乃至欧洲诗经学的发展带来了很大影响,促进了汉学家们对《诗经》的学术性研究。

㊺ 雷孝思(Jean Baptiste Regis,1663—1738),法国耶稣会会士,地理学家、历史学家、博学家。1698年入华,随即被召入京供职。雷孝思所译《易经》为拉丁文译本,共两卷,于1834—1839年在德国出版。1713年白晋寄回德国的《易经》拉丁文译稿,当系此份译本的副本。1834年该书经莫尔刊行。

㊻ 小德金(Chrétien-Louis-Joseph de Guignes,1759—1845),德金(Joseph de Guignes)之子,负责在巴黎皇家印刷厂出版的《汉法拉词典》(*Dictionnaire Chinois, Français et Latin*)是第一部用西方语言印制的汉语词典。它以叶尊孝的《汉字西译》为底本。词典中的汉字是以"摄政王黄杨木"印制,这是欧洲唯一一套活版字模,是1740年完成的木版雕刻。

㊼ 柯恒儒发表了《叶尊孝汉拉词典补篇》,用以改善1813年词典并填补其空白。

㊽ 即江沙维1841年出版的《拉汉大字典》。

㊾《福建方言字典》(*Dictionary of the Hokkëën Dialect of the Chinese Language*),1832年在澳门出版。全书共收录12,000个词,每个词都清楚地标明了读音和音调,并从汉语作品中选取例子解释该词用法。此外还附有介绍福建的短文、一篇关于福建方言拼音法的论文以及索引等。

㊿ 即《广东省土话字汇》(*Vocabulary of the Canton Dialect*),8开本,1828年出版于澳门。

51 俄罗斯喀山帝国大学,始建于1804年,是俄国历史上首个开设汉语教学研究的国立大学,为俄国培养出了众多优秀的汉学家、蒙学家、满学家和佛学家,在 19 世纪时期的东方学教学和研究领域居于俄罗斯的核心地位,在汉语、中国文学、中国历史和中国文化等方面的教学与研究水平也处于同时期世界最前列。

㊾ 达尼尔·西韦洛夫(Д. П. Сивиллов),北京传教士使团成员,在北京接受了长期的东方学教育,1837 年担任俄罗斯喀山大学汉语和中国语文教研室教授,是一位推动 19 世纪上半叶俄国汉学发展的重要人物。

译者简介

陈恩维,广东外语外贸大学中文学院教授、博士生导师、翻译学研究中心与外国文学文化研究院兼职研究员。长期从事中国古代、近代文学,明清中西文学交流史研究。主持国家社科基金项目 2 项、国家社科基金重大项目子课题 1 项、省部级项目 5 项。在上海古籍出版社、人民出版社等出版专著 7 种,在《文学遗产》等刊物发表中英文论文 100 余篇,其中 A&HCI 和 CSSCI 刊物 60 余篇,成果曾获广东省优秀哲学社会科学二等奖。Email:410715182@qq.com。

"不一会(儿)"和"不大一会(儿)""不到一会(儿)"

杨德峰

北京大学对外汉语教育学院

提　要　基于语料统计,本文发现"不一会(儿)""不大一会(儿)""不到一会(儿)"可做状语、定语、补语和中心语,且做定语是典型功能,但"不一会(儿)"可修饰"工夫""后""之后",后两个只修饰"工夫";带"不一会(儿)"做补语的动词很多,带后两个做补语的很少;"不到一会(儿)"只用于现实句,主语为人时,所在句的主语为第三和第一人称的名词或代词等,而前两个主要用于现实句,也用于非现实句,所在句的主语主要为第三和第一人称的,也有第二人称的;"不一会(儿)"是数量词,其他的为短语,它们的意思侧重点也不同。

关键词　"不一会(儿)"　"不大一会(儿)"　"不到一会(儿)"　句法　意思

一　引言

"不一会(儿)"和"不大一会(儿)""不到一会(儿)"是一组近义词语,它们都表示很短的时间。现有的研究主要集中在"不一会(儿)"上,"不大一会(儿)""不到一会(儿)"关注得非常少,而三者之间的关系更是极少涉及。

"不一会(儿)"学界主要关注的是其性质、意思和句法特点。

关于"不一会(儿)"的性质,学界看法不一致。吕叔湘(1980)认为"不一会儿"是习用语,但水行(1987)认为是时间副词,沈庶英(2000)把它归入言短时约量时间词,但是哪类词,没有明确说明。《现代汉语词典》(第7版)则没有收录。

"不一会(儿)"的意思,也未达成共识。吕叔湘(1980)指出,"不一会儿"表示时间不长;罗竹风(1986)、王同亿(1990)认为是"没多久的时间";水行(1987)指出"不一会儿"只特指某一段时间,所指时间一般较短,最多不超过半天;任雪梅(1991)认为"不一会儿"是"不到一会儿";沈家煊(1999)指出,"不一会儿"表示时间极短。刘长征(2006)认为,"不一会儿"表示很短的时间;丁雪妮(2014)则认为"不一会儿"表示的时间比"一会儿"更短。

句法上,水行(1987)指出,"不一会儿"一般单独用来修饰全句或动词,极少与其他词语组合,后边不能有"才",一般做状语,只能与"就"呼应,不能成套使用。任雪梅(1991)也持这一看法。刘长征(2006)、丁雪妮(2014)则认为"不一会儿"可做状语、定语、补语,主要用于已然情况,也可用于未然情况,但张发明(1984)、毛修敬(1985)和水行(1987)都指出"不一会儿"只能用于过去。

"不大一会(儿)"和"不到一会(儿)"关注得非常少。任雪梅(1991)认为"不一会儿"的意义是"不到一会儿"。黎姿(2017)指出,"不大一会儿"可以表示未来发生的事情,也可描述过去时间所做的事情,表明某事所花的时间不长。"不大一会儿"暗含积极意义的性质特征,体现为含蓄、礼貌、激励,遵循了"乐观原则"的语用原则。

可见,尽管"不一会(儿)"和"不大一会(儿)""不到一会(儿)"有一些研究,但很不平衡,"不一会(儿)"探讨得较多,"不大一会(儿)"和"不到一会(儿)"关注得非常少,对三者之间的关系,也缺乏考察。虽然"不一会(儿)"关注得多一些,但都是举例性的,缺乏大规模语料统计数据的支持,因此一些结论是否符合语言实际,还有待进一步验证。有鉴于此,本文将在对北京大学中国语言学研究中心开发的CCL语料库中的"现代汉语"语料进行穷尽统计的基础上,对它们的句法特点、意思、性质等做一个详细的考察和分析。

二　句法特点

统计发现,这三个词语出现的频率有很大的不同。语料库中,"不一会(儿)"出现了2043例,而"不大一会(儿)"和"不到一会(儿)"分别186例和28例,"不一会(儿)"和"不大一会(儿)""不到一会(儿)"的比例分别约为11∶1和73∶1,相差悬殊,特别是"不一会(儿)"和"不到一会(儿)"的比例。例如:

(1)这么一个动听的地名,<u>不一会</u>也就丢在背后去了。(缪从群《北南西东》)

(2)<u>不到一会儿</u>,祖斐抬起头来,她已经得到一幅较清楚的图画。(亦舒《异乡人》)

(3)这群猫全撅着尾巴往前走,<u>不大一会儿</u>,就把小坡们给围在中间,里三层,外三层,围得水泄不通。(老舍《小坡的生日》)

更重要的是,在充当句法成分上,它们是有同有异。

2.1 充当的句法成分

统计发现,它们都可以做状语,也可做定语和补语,还可充当中心语。具体情况如下表:

表1 "不一会(儿)""不大一会(儿)"和"不到一会(儿)"的语法功能

	句法成分							
	状语		定语		补语		中心语	
	数量	比例(%)	数量	比例(%)	数量	比例(%)	数量	比例(%)
不一会(儿)	1890	92.5	74	3.6	62	3	17	0.9
不大一会(儿)	134	72	27	14.5	23	12.4	2	1.1
不到一会(儿)	16	57.1	7	25	4	14.3	1	3.6

2.1.1 做状语

从表中可以看出,"不一会(儿)"做状语1890例,约占92.5%,即绝大多数。例如:

(4)到沙田,在一间别墅的门前停下来,佐治响了一下汽车喇叭,<u>不一会儿</u>,有一个男仆模样的人出来开门。(岑凯伦《合家欢》)

(5)这真让我开了眼界!<u>不一会</u>,我们带的篓子就盛满了。(1996年《人民日报》8月份)

做状语时,绝大多数在主语前[如例(5)],也可在主语后。例如:

(6)刘小光<u>不一会儿</u>就满头大汗,一位棋迷见状,主动用一本书在边上为小光扇风。(1996年《人民日报》6月份)

(7)各国媒体跃跃欲试,报名单<u>不一会</u>就被在场的百余名记者填满。(新华社2003年2月份新闻报道)

以上二例的"不一会儿""不一会"分别在主语"刘小光""报名单"后面。

"不大一会(儿)"做状语134例,约占72%。例如:

(8)<u>不大一会儿</u>,门铃响了,一位红脸高个的健壮女孩站在门前。(孙云晓《和三个出走少女》)

(9)<u>不大一会</u>,人到齐了,喜福这次当最后一回主席。(赵树理《李有才板话》)

与"不一会(儿)"不同,"不大一会(儿)"做状语全放在主语前[如例(8)(9)]。再如:

(10)<u>不大一会儿</u>,他带进一个青年妇人来。(老舍《离婚》)

(11)浇了水,<u>不大一会</u>,它就从根直吸到梢,简直是小孩喂奶似的拼命往上喂。(汪曾祺《葡萄月令》)

"不到一会(儿)"做状语 16 例,约占 57.1%,也全部在主语前。例如:

(12) 不到一会儿,祖斐抬起头来,她已经得到一幅较清楚的图画。(亦舒《异乡人》)

(13) 不到一会,买猪肉的也回来了。(叶紫《南行杂记》)

可见,做状语时,无论是比例,还是位置,"不大一会(儿)"和"不到一会(儿)"趋同,"不一会(儿)"与它们有一些差异。

2.1.2 做定语

"不一会(儿)"做定语 74 例,约占 3.6%,非常低。例如:

(14) 饲养员将切好的西瓜一块一块送到它的嘴中,不一会儿工夫一个瓜就吃掉了。(新华社 2003 年 7 月份新闻报道)

(15) 不一会儿之后,便渐渐鼓起反击的力气。(翻译作品《银河英雄传说》)

(16) 他总逗留下来,跟欲念谈判,不一会儿后,欲念就成了主人,他便盲目地、尽力地依照着它的吩咐……(翻译作品《天才》)

做定语,修饰的多是"工夫",也有"后"和"之后"。修饰"工夫"一般不带"的"[如例(14)],也有带"的"的,但仅 4 例,约占定语的 5.4%,比例非常低。例如:

(17) 不一会儿的工夫,案板上便摆满了各种各样的"面花"。(新华社 2002 年 9 月份新闻报道)

(18) 不一会的工夫差不多全家都跪下了。(萧红《马伯乐》)

"不大一会(儿)"做定语 27 例,约占 14.5%,修饰的都是"工夫",且绝大多数不带"的",带"的"的仅仅 1 例,约占定语的 3.7%,比例极低。例如:

(19) 许是因为今天心急,车速比平常本来就快的速度还快,不大一会工夫,李福泽的车便驶进了铁道线。(李鸣生《"东方红一号"卫星发射追记(上)》)

(20) 不大一会的工夫,约瑟也背上了一个背包,里边也有面包、奶油。(萧红《马伯乐》)

例(19)的"不大一会"不带"的",例(20)的"不大一会"带"的"。

"不到一会(儿)"做定语 7 例,约占 25%,修饰的也都是"工夫"。绝大多数不带"的",带"的"的有 1 例,约占定语的 14.3%。例如:

(21) 不到一会儿工夫,会计拿来了一叠子钱。(李佩甫《羊的门》)

(22) 觉新马上跑出来,接着是淑华,不到一会儿的工夫众人都站在阶前了。(巴金《家》)

例(21)的"不到一会儿"不带"的",例(22)的有"的"。

不难看出,做定语时,"不大一会(儿)"和"不到一会(儿)"也趋同,都做"工夫"的定语,绝大多数不带"的";"不一会(儿)"做定语的比例非常低,但除了修饰"工夫",还可修饰"后""之后"。

2.1.3 做补语

"不一会(儿)"做补语62例,约占3%,非常低。例如:

(23)偶尔碰上一部,看不一会,就会有人嚷嚷"换台换台",你想这时候大家会是个什么心情。(1998年《人民日报》)

(24)过不一会,帘子掀起来了,毛出现在我们面前,穿的是军装,满脸笑容地向我们……(张彦《毛泽东和美国士兵的合影》)

做补语,主要表示动作持续的时间,共46例,约占补语的74%,即大多数。例如:

(25)和维嘉闲谈了不一会儿,李蕴昌由老淡开门引进屋里来。(杨沫《我一生中的三个爱人(5)》)

(26)到我父母家,坐了不一会儿,她人不见了,原来跑到厨房拿块抹布在擦地。(赵长天《寻找玛丽亚》)

以上二例的"不一会儿"分别表示"谈""坐"持续的时间。

也可以表示动作结束后到说话时的时间,共17例,约占补语的27.4%。例如:

(27)孔太平醒过来不一会儿,洪塔山匆匆跑来了。(刘醒龙《分享艰难(连载之四)》)

(28)可演讲开始不一会,台下起哄,有人高呼:"打倒郭沫若!"(黄建堂《郭沫若巧用对联》)

上例的"不一会儿"和"不一会"分别表示"醒过来""开始"后到说话时的时间。

做补语时,谓语主要成分是"走、过、看、坐、读、去、待、隔、想、到、过去、睡下、醒过来、躺下、躺下来、走开、考虑、见面、滑行、开始、出去、离开",主要是动词,也有动词性结构。例如:

(29)张景瑞去不一会,萧队长的回信回来了。(周立波《暴风骤雨》)

(30)记者称要一套中文"98视窗"软件,"蓝衬衣"出去不一会就拿回来一套。(新华社2001年8月份新闻报道)

这些动词(结构)一般不带"了",带"了"的18例,约占29%。例如:

(31)过不一会儿,松明火把,照亮了夹皮沟。(曲波《林海雪原》)

(32)你读一读《士敏土》吧,把头顶在墙上,读不一会,眼里老是闪着红旗。(梁斌《红旗谱》)

上例的"过""读"都不带"了"。

"不大一会(儿)"做补语23例,约占12.4%。谓语主要成分有"隔、去、扯、过、待(呆)、走、上班、僵持、逡巡、离开",都是动词,这些动词与带"不一会(儿)"做补语相同的很少。例如:

(33)蓬头散发,鼓起两个鼻孔,掀着嘴,捏紧拳头,身体向后仰着,站了不大一会儿,又倒在破床上。(翻译作品《悲惨世界》)

(34)呆了不大一会儿她又回来了,只见她端着一茶缸子凉水来,给史更新喝了两口。(刘流《烈火金刚》)

做补语,主要表示动作持续的时间,也可表示动作结束后到说话时的时间,分别为22例和1例,分别约占补语的95.7%和4.3%,比例悬殊。例如:

(35)孙定邦他们刚走了不大一会儿,大沙山后面就听"唏喽呼啦"地又来了一群人。(刘流《烈火金刚》)

(36)公爵刚离开不大一会儿,可能还没走到谢苗诺夫斯科耶村,他的副官就回来向勋座报告说……(翻译作品《战争与和平》)

例(35)的"不大一会儿"表示"走"持续的时间,例(36)"不大一会儿"表示"离开"后到说话的时间。

与"不一会(儿)"不同的是,"不大一会(儿)"做补语,谓语动词绝大多数都带"了",带"了"的21例,约占91.3%。例如:

(37)扯了不大一会儿,又有人打起了呵欠。(戴厚英《流泪的淮河》)

(38)隔了不大一会,敲门声又响起来。(苏童《妻妾成群》)

以上二例的"扯""隔"都带了"了"。

"不到一会(儿)"做补语仅4例,约占14.3%。谓语主要成分是"聊、睡、想、躺下",主要是动词,动词性结构仅1例。谓语动词(结构)一般不带"了",带"了"的仅1例,占25%。例如:

(39)可是,严光为考验九五之尊的这位朋友,在龙床上睡不到一会儿,就把脚架到了刘秀的肚子上。(网络语料\网页\C000023)

(40)然而,聊了不到一会,就感觉到梁老身体很虚,有时要眯上眼休息一小会才

能继续谈话。(网络语料\杨恒均博客)

例(39)"睡"不带"了",例(40)"聊"带"了"。

"不到一会(儿)"做补语,表示动作持续的时间的3例[例(39)(40)],占补语的75%;表示动作结束到说话的时间的仅1例,占25%。例如:

(41)躺下<u>不到一会儿</u>便起身淋浴,台青密切注意她的一举一动,不用很敏感的人也看得出……(亦舒《七姐妹》)

该例的"不到一会儿"指"躺下"到说话时的时间。

显而易见,做补语时,"不大一会(儿)"和"不到一会(儿)"比例非常接近,"不一会(儿)"做补语的比例非常低;带"不一会(儿)"做补语的动词(结构)很多,而带"不大一会(儿)"做补语的很少,带"不到一会(儿)"的极少;"不大一会(儿)"做补语,谓语动词绝大多数带"了",而"不一会(儿)""不到一会(儿)"的一般不带"了";这三个词语做补语,都主要表示动作持续的时间,表示动作结束到说话时的时间的较少。

2.1.4 做中心语

"不一会(儿)"做中心语17例,约占0.9%,占比极低。例如:

(42)果然,先生在会上发表了热情洋溢的讲话后<u>不一会儿</u>就被身边的工作人员搀出了会厅。(1998年《人民日报》)

(43)开完会后<u>不一会</u>,就有人匆匆地赶来报告,说部分移民情绪激动,闹着要冲驾驶台。(新华社2001年9月份新闻报道)

"不大一会(儿)"做中心语只2例,约占1.1%,也极低。例如:

(44)你们走后<u>不大一会儿</u>,孩子就让蛇咬了。(《读者(合订本)》)

(45)就在福克先生下船以后<u>不大一会儿</u>,侦探费克斯也下了船。(翻译作品《八十天环游地球》)

"不到一会(儿)"做中心语的仅仅1例,约占3.6%,非常低。例如:

(46)觉慧进屋后<u>不到一会儿</u>,剑云也进来了。(巴金《家》)

显然,充当中心语,"不一会(儿)"和"不大一会(儿)"所占的比例接近,"不到一会(儿)"所占的比例高得多。

总之,虽然三者都能充当状语、定语、补语和中心语,但"不一会(儿)"绝大数充当状语,充当定语、补语、中心语的非常少;其他两个则大多数充当状语,充当定语、补语的较多,充当中心语的非常少。充当状语时,"不一会(儿)"一般在主语前,也可在主语后,其他两个都在主语前。充当定语时,"不一会(儿)"主要修饰"工夫",也可修饰"后""之后",其他两个只修饰"工夫"。充当补语时,与"不一会(儿)"搭配的动词(结构)比较多,且一般不带"了";与"不大一会(儿)"搭配的动词很少,但常带"了";和"不到一会(儿)"搭配的动词(结构)非常少,一般也不带"了"。三者充当中心语的比例都非常低,但"不到一会(儿)"所占的比例要比其他两个高很多。总体来看,充当句法成分时,"不大一会(儿)"和"不到一会(儿)"更相似。

认知语言学认为,语言的客体范畴都存在着范畴化现象,范畴中的成员有典型和边缘的区别(张敏 1998)。以上情况表明,"不一会(儿)"和"不大一会(儿)""不到一会(儿)"充当状语、定语、补语和中心语时,也存在着范畴化现象,充当状语都最多,是典型句法功能,充当定语、补语或中心语都很少,是边缘功能。

水行(1987)认为"不一会儿"只做状语,显然不符合语言实际。刘长征(2006)、丁雪妮(2014)认为可做状语、定语、补语,也不够全面。

2.2 对现实句和非现实句的选择

张雪萍(2012)指出,现实句表达的是现实世界中已发生、正在发生或存在的事情,具有[＋已然]特征,现实句主要是肯定句。非现实句表达的是可能世界中可能发生的或假设的事情,一般是未然的,或虽具有[＋已然]特征,但表达时也是假设的或估计推测的,表示假设、条件、可能、推测、疑问、未来、否定等意义的句子,一般是非现实句。

考察发现,"不一会(儿)"绝大多数用于现实句。例如:

(47)沿北京海淀区知春路西行,<u>不一会儿</u>,一片宏伟的高大建筑群就映入眼帘。(新华社 2001 年 8 月份新闻报道)

(48)到底自虐了一整天,可馨感到体力透支得厉害,躺下来<u>不一会</u>就睡着了。(张欣《爱又如何》)

(49)这个,人们根本就没有放在心上,<u>不一会工夫</u>,那抢着登到岸上去的人,连个影儿都不见了。(萧红《马伯乐》)

以上三例的"不一会儿"和"不一会"无论做状语,还是做补语、定语,都用于现实句中。也可用于非现实句。例如:

(50)谁有兴趣翻翻近二三百年的通俗杂志之类的东西,准会<u>不一会儿</u>就看见这个比喻,就像每隔几分钟就听见教堂里响起丧钟一样。(《读书》vol.144)

(51)于是他如梦初醒般重又知道了自己的处境。他知道<u>不一会</u>就要脑袋开花了。(余华《现实一种》)

(52)但是巨响并没有掩盖掉她心里的恐惧,他知道他<u>不一会</u>又将出现。(余华

《世事如烟》)

例(50)的"准会不一会儿就看见这个比喻"中有"会",表示推测,例(51)(52)的"他知道不一会就要脑袋开花了""他知道他不一会又将出现"都表示未来发生的事或推测,所以都是非现实句。不过,这样的用例只有 8 例,约占 0.4%,使用率非常低。

张发明(1984)、毛修敬(1985)、水行(1987)指出,"不一会儿"只用于过去的情况,显然与语言实际不完全相符。

"不大一会(儿)"也主要用于现实句。例如:

(53)她们追了<u>不大一会儿</u>,离敌人不过六七十米了,还没有开枪。(刘流《烈火金刚》)

(54)她开始时故意让崇祯吃去一个炮,然后认真下棋,一步不让,<u>不大一会儿</u>就逼得崇祯由攻势转为守势,并且渐渐地不能支持。(姚雪垠《李自成2》)

用于非现实句的仅 2 例,约占 1.1%,比例非常低。例如:

(55)何况现在还有各路媒介热情爆炒的有利条件,<u>不大一会儿</u>就能炒出一堆名人来,有如糖炒栗子,满街都是,油光闪亮。(2000 年《人民日报》2 月份)

黎姿(2017)指出,"不大一会儿"可表示未来发生的事情,也用来描述表示过去所做的事情,实际上"不大一会儿"绝大数情况下用于过去发生的事情。

"不到一会(儿)"只用于现实句中。例如:

(56)<u>不到一会儿</u>,祖斐抬起头来,她已经得到一幅较清楚的图画。(亦舒《异乡人》)

(57)然而,聊了<u>不到一会</u>,就感觉到梁老身体很虚,有时要眯上眼休息一小会才能继续谈话。(网络语料\杨恒均博客)

由此可见,在用于现实句和非现实句上,"不一会(儿)"和"不大一会(儿)"相同,主要用于现实句,极少用于非现实句,而"不到一会(儿)"则不同,只出现在现实句中。

2.3 句子的主语

"不一会(儿)"所在句子的主语可以是表示人的,也可以是表示物的。主语为表示人的时,一般是表示第三人称和第一人称的名词或代词等。例如:

(58)<u>不一会</u>,赵京华掀起门帘,一只脚已跨进大门。(1994 年报刊精选\12)

(59)<u>不一会儿</u>,我便买好了自己所要购的青菜,正准备提篮回家时……(1993 年《人民日报》11 月份)

例(58)的"赵京华"是第三人称,例(59)的"我"是第一人称。

第二人称的极少,仅仅 2 例。例如:

(60)不一会,你就创造出一个黑白相间、气象万千的绝妙世界。(1998 年《人民日报》)

该例的主语"你"为第二人称。

"不大一会儿"和"不到一会儿"所在句子的主语只为第三人称和第一人称的名词或代词等,没有发现第二人称的用例。例如:

(61)又过了一阵,小卫出来跑出花园外去了,不大一会儿,匆匆跑了进来,很紧张的样子,我问他:"你跑啥子?"(马识途《夜谭十记》)

(62)然而,聊了不到一会,就感觉到梁老身体很虚,有时要眯上眼休息一小会才能继续谈话。(网络语料\杨恒均博客)

例(61)的"小卫"是第三人称,例(62)的是言者主语,是第一人称。

显然,在充当句子主语的成分上,"不大一会(儿)"和"不到一会(儿)"相同,所在句子的主语若是人物,都为表示第一和第三人称的代词或名词等;"不一会儿"所在句子的主语主要是第一、第三人称的,也可是第二人称的。

2.4 共现成分

2.4.1 与时态助词共现情况

"不一会(儿)"只能与时态助词"了"共现,不能与"着"和"过"共现。例如:

(63)不一会儿,几百年的一座宝塔变成了一堆碎砖了。(戴厚英《流泪的淮河》)

(64)不一会他找着了昨天进的货:腊肠、蛋糕、酥皮饼。(严歌苓《第九个寡妇》)

"不大一会(儿)"和"不到一会(儿)"也只能与"了"共现。例如:

(65)不大一会,掌柜的搞了粑粑头来了,还弄了几个腌蔓菁来。(汪曾祺《七里茶坊》)

(66)不到一会儿工夫,会计拿来了一叠子钱。(李佩甫《羊的门》)

2.4.2 与"就"共现情况

任雪梅(1991)指出"不一会儿",一般与表示时间短的"就"搭配。那么,语料中的情况如何呢?

统计发现,"不一会(儿)"与"就"共现的不太多,共 451 例,约占 22.1%。例如:

(67)人到室外,不一会儿身上就落满水泥,喉咙刺痒。(1993 年《人民日报》1 月

份)

(68) 胡同不长,那水塔不一会就矗立在他眼前。(余华《四月三日事件》)

"不大一会(儿)"也可与"就"共现,共47例,约占25.3%。例如:

(69) 停了一会,远远听着有个女人哭,越哭越近,不大一会就来到窗下,一推门就进来了。(赵树理《小二黑结婚》)

(70) 不大一会,小叶就变了颜色,叶边发红。(汪曾祺《葡萄月令》)

"不到一会(儿)"与"就"共现的仅5例,约占17.9%。例如:

(71) 然而,聊了不到一会,就感觉到梁老身体很虚,有时要眯上眼休息一小会才能继续谈话。(网上语料\杨恒均博客)

(72) 不到一会儿,这怪物就下沉消失了。(1994年报刊精选\08)

不难看出,在与时态助词和"就"共现上,三者大体相同。

三 表示的意思

前文说过,学界对"不一会(儿)"的意思看法不一,有学者认为表示"时间不长"(吕叔湘1980)、"时间极短"(沈家煊1999)、"很短的时间"(刘长征2006),也有学者认为表示"没多久的时间"(罗竹风1986,王同亿1990),还有学者认为表示的时间比"一会儿"更短(丁雪妮2014),等等。那么"不一会(儿)"的意思到底是什么呢?"不大一会(儿)""不到一会(儿)"的意思又是什么呢?

在搞清"不一会(儿)"的意思前,必须先弄清楚"不大一会(儿)"和"不到一会(儿)"的意思。

从组成成分来看,"不大一会(儿)"的"不大"是对"一会(儿)"的限制或描写,"不大"意味着量很小,"不大一会(儿)"意思相当于"很短的一会(儿)"。《现代汉语词典》(第7版)中"一会儿"的释义是"很短的时间","不大一会(儿)"应该是"极短的时间",即沈家煊(1999)所说的"时间极短"。

"不到一会(儿)"是一个状中结构,"一会(儿)"是一个参照时间段,"不"是对"到一会(儿)"的否定,其意思是"未达到'一会(儿)'这一时间的长度",即"小于'一会(儿)'的时间"。

"不一会(儿)"既可理解为"不大一会(儿)",又可理解为"不到一会(儿)",也就是说有"极短的时间"或"小于'一会(儿)'的时间"的意思。正因为如此,所以"不一会(儿)"的使用频率比其他两个高得多。有学者认为"不一会儿"意思是"不到一会儿"(任雪梅

1991),显然不全面,也不准确。

上文说过,"不一会(儿)""不大一会(儿)"绝大多数用于现实句,极少用于非现实句。原因何在?这与它们表达的意思有直接的关系。"不一会(儿)"和"不大一会(儿)"表示的都是模糊主观小量,这就意味着它们只能事后估算出来,不太可能事前就进行测算或预测,所以一般用于现实句。

那么,为什么也可以出现在非现实句中呢?这大概是类推泛化的结果。因为与它们意义和用法相近的"一会(儿)",既可用于现实句,也可用于非现实句,受此影响,所以"不一会(儿)""不大一会(儿)"有时也用于非现实句。

四 性质

"不一会(儿)"和"不大一会儿""不到一会儿"是短语还是词呢?即它们的性质是什么呢?

吕叔湘(1980)把"不一会儿"归入习用语,即短语;但水行(1987)认为是时间副词;《语言大典》和《汉语大词典》都把它看作词,不过没有指出是哪类词。

赵元任(1979)认为,"整体的意义不能从部分的意义里获得"是判断是不是词的很好的标准。朱德熙(1982)也有类似的看法,他指出复合词的意义不一定能从组成部分的意义看出来。根据这个标准,"不大一会(儿)"和"不到一会(儿)"应该是短语,因为它们的意义能够从组成成分中推测出来,"不大一会(儿)"的意思大致相当于"不大+一会(儿)","不到一会(儿)"的意思大致相当于"不+到一会(儿)"。

"不一会(儿)"表面上看是"不+一会(儿)",实际上它的意思并不是"不"和"一会(儿)"的简单相加,也就是说它的意思不太容易从组成成分"不"和"一会(儿)"推测出来。相较于"不大一会(儿)"和"不到一会(儿)",凝固性较高,因此,应该看作词。

水行(1987)认为"不一会儿"是时间副词,这一看法不切合实际,因为副词不能做补语和定语,更不能做中心语。"不一会(儿)"不仅可以做状语,而且可以做定语、补语和中心语,从其功能来看,应该是数量词。把"不一会(儿)"看作数量词还有一个旁证,那就是与其相似的"一会儿"《现代汉语词典》(第7版)归入了数量词。

五 结语

综观全文,"不一会(儿)"和"不大一会(儿)""不到一会(儿)"虽然是近义词语,但是同中有异。

句法上,它们都可以充当状语、定语、补语和中心语,且充当状语都是它们的典型句法功能,但"不大一会(儿)""不到一会(儿)"做定语、补语的比例比"不一会(儿)"高许多。做状语,"不一会(儿)"一般在主语前,也可在主语后,其他两个都在主语前。做定语,"不一会(儿)"主要修饰"工夫",也可修饰"后""之后";其他两个只修饰"工夫"。做补语,都主要表示动作持续的时间,表示动作结束到说话时的时间的较少;带"不一会(儿)"的动词(结构)很多,带"不到一会(儿)"的极少,但这些动词(结构)一般不带"了";带"不大一会(儿)"的动词很少,绝大多数带"了"。它们都能做中心语,但比例非常低。"不到一会(儿)"只能用于现实句,其他两个主要用于现实句,也可用于非现实句。主语为人物,"不一会(儿)"所在句子的主语一般为表示第一和第三人称的名词、代词等,很少有第二人称的;其他两个所在句子的主语都只是表示第一和第三人称的名词、代词等。这三个词语都能和"了""就"共现。

　　语义上,它们都表示非常短的时间,表示的都是模糊主观小量,但侧重点有所不同。"不大一会(儿)"意思是"极短的时间","不到一会(儿)"表示"小于'一会(儿)'的一段时间","不一会(儿)"既有"极短的时间"的意思,又有"小于'一会(儿)'的一段时间"的意思,即涵盖了"不大一会(儿)"和"不到一会(儿)"的意思,这也是"不一会(儿)"的使用率远远高于前二者的原因。鉴于"不一会(儿)"的使用频率较高,加之"一会儿"收录进了《现代汉语词典》(第 7 版),建议《现代汉语词典》修订时把它收录进去。

　　性质上,"不一会(儿)"已经凝固成了一个数量词,而"不大一会(儿)""不到一会(儿)"仍是短语。

　　总而言之,"不一会(儿)""不大一会(儿)""不到一会(儿)"的不同主要在意思上,性质上"不一会(儿)"和后两个有很大的不同,句法上三者的"同"则大于"异"。

参考文献

丁雪妮(2014)关于"一会儿"与"不一会儿",《语文学刊》第 12 期。

黎　姿(2017)现代汉语"不大一会儿"语义及语用分析,《北方文学(下旬刊)》第 30 期。

刘长征(2006)"一会儿"和"不一会儿",《世界汉语教学》第 3 期。

罗竹风(1986)《汉语大词典》,上海辞书出版社。

吕叔湘(1980)《现代汉语八百词》,商务印书馆。

毛修敬(1985)汉语里的对立格式,《语言教学与研究》第 2 期。

任雪梅(1991)说"不一会儿",《第三届国际汉语教学讨论会论文选》,377－382 页,北京语言学院出版社。

沈家煊(1999)《不对称和标记论》,江西教育出版社。

沈庶英(2000)谈约量时间词,《世界汉语教学》第 1 期。

水　行(1987)"一会儿"和"不一会儿"的同值域,《世界汉语教学》第 4 期。

王同亿(1990)《语言大典》,三环出版社。

张发明(1984)"一会儿"和"不一会儿",《汉语学习》第6期。

张　敏(1998)《认知语言学与汉语名词短语》,中国社会科学出版社。

张雪萍(2012)现代汉语非现实句的语义系统,《世界汉语教学》第4期。

赵元任(1979)《汉语口语语法》,商务印书馆。

中国社会科学院语言研究所词典编辑室(2016)《现代汉语词典(第7版)》,商务印书馆。

朱德熙(1982)《语法讲义》,商务印书馆。

作者简介

　　杨德峰,北京大学对外汉语教育学院教授,博士生导师,博士后合作导师,主要从事现代汉语语法和习得研究。Email:ydf@pku.edu.cn。

ABSTRACTS

Fan Hongbin & Zhao Chunli: The Discoursal Association and Function Extraction of the Prognostic Adverb "*shibi* (be bound to)"
Abstract This study takes the semantic-grammatical theory as its ontology and the principle of bidirectional selection of semantics as its methodology. It focuses on the two major issues in previous research on the adverb "*shibi* (be bound to)": insufficient inspection of the opposite side and incomplete investigative viewpoints. In this study both positive- and negative-type investigations of linguistic materials were conducted from discoursal association to syntactic distribution, aiming to deepen the understanding of the grammatical meaning of "*shibi*". First, it proposes two types of semantic associations based on causal logic: the progressiveness of the time series and the "inference" of cognition as formed by the premise of propositional sentence and the "*shibi*" concluding propositional sentence. Second, the semantic characteristics of the premise sentence and the concluding sentence as extracted from co-occurrence components. On this basis, the overall discourse function of the adverb "*shibi*" is concluded as "future-inferring from development", its overall semantic function is the "prognosis" and cognitive function as predicting the trend of events, with speaker's "early-warning" intention implied.
Key words "*shibi* (be bound to)", prognostic adverb, semantic grammar, future-inferring from development, prognosis

Wang Jing: Negative Evaluation in "*yao ni* V (need you V)"——The Negative Presupposition Based on the Specificity of "*yao* (need)"-type Rhetorical Questions
Abstract The negative evaluation construction "*yao ni* V (need you V)" is an imperative sentence with exclamative mood, in which the speaker first negates the

presupposition of the listener's action and then overturns the rationality of that action according to retrospective reasoning. The deontic "*yao* (need)" in rhetorical questions is the explicit morpheme refuting that the other party does not have the right to do what V denotes, which provides grounds for denying the rationality of the action. The level of negative evaluation in "*yao ni* V (need you V)" is related to the speaker's meta-pragmatic awareness and the psychological distance between the two sides. The speaker's subjective attitude of the matter through the speaker's qualitative assessment of V, and both sides have conflicts on the modal evaluation of V, which strengthens the linguistic power of negative evaluation. In this study, we demonstrate the pragmatic reasoning characteristics and negative acting language power of this kind of structure by taking the frequently used "*yao ni guan* (need you handle)" as an example.

Key words "*yao*"-type rhetorical questions, pragmatic negation, rhetorical response, negative evaluation

Lu Fangzhe: A Re-exploration of the Discourse Functions and Causes of the "*ni xiang* (like)" -type Structures in Natural Conversation

Abstract Based on a large-scale natural corpus, this study finds that the "*ni xiang* (like)"-type structures are mainly used in dialogue register and declarative speech acts. It has three functions in arousing attention, showing power and making alignment in the conversation. This is inseparable from the second-person pronoun "*ni* (you)". The meaning of "*ni* (you)" is highly blurred in the "*ni xiang* (like)"-type structures. It is mainly used for addressing the role of the listener rather than a specific individual, which is intended to arouse the attention of the interlocutor. Meanwhile, since the party that often uses "*ni* (you)" tends to be more authoritative, the "*ni xiang* (like)" structures help the speaker to show confidence and power, and are more conducive to obtaining the after-speaking effect in clarifying opinions or initiating topics, so as to make the listener establish a common ground with the speaker.

Key words "*ni xiang* (like)"-type structures, interpersonal relationships, stance, causes

Su Xiaoyu & Li Xianyin: The Interrogative-form Response to Questions in Natural Spoken Multi-person Conversations

Abstract   This study analyzes the syntactic positions, interactional functions and motivations of the interrogative-form response to questions in natural spoken multi-person conversation. It is found that the interrogative-form response to questions is usually located in the second part in the sequence, and has six interactional functions: other-initiated repair, seeking information, asking questions, providing suggestions, filling gaps, and restarting topics. Difficulties in interaction and the imbalance of cognition among communicators in conversations are important factors that affecting respondents' use of the interrogative-form response to questions.

Key words   the interrogative-form response to questions, everyday conversations, difficulties in interaction, interactional linguistics

Hu Chengjiao & Cheng Bingyu: The Exit of Discourse Overlapping in Reality Interactive Programs and the Influencing Factors

Abstract   Discourse overlapping is a common phenomenon in conversation. In order to keep the conversation going smoothly, the communicative parties need to take appropriate ways to exit the overlapping. From the perspective of turn-taking, there are two kinds of exit in discourse overlapping, the marked exit and the unmarked. The former includes deliberate turn-keeping, and active turn-giving, while the latter includes the use of turn-giving prompt, turn-snatching prompt, posture prompt, and silent negotiation. The main factors influencing the choice to exit from the overlapping are overlapping types, knowledge status, politeness needs, and social authority, with the knowledge status being the most significant. After the exit of overlapping, the subsequent turns are generally manifest in two ways: the turn repair, and the turn coherence.

Key words   discourse overlapping, marked exit, unmarked exit, knowledge status, influence validity

Yuan Ze: The Establishment of the International Chinese Language Education Academic Vocabulary List

Abstract   Based on the self-built corpus of academic texts of International Chinese Language Education, this study creates the International Chinese Language Education Academic Vocabulary List by adopting indicators that include the minimum frequency, cross-text distribution, dispersion, and frequency ratio. The list contains 751 academic words, with a 15.8% coverage rate of the corpus of International Chinese Language Education academic texts. It is found that there is an intersection between the academic words and the core words commonly used in Chinese according to the distribution of the words included in the list. The academic register has a great impact on the meaning and function of the words. The purpose of this academic list is to help Chinese learners improve the appropriateness and accuracy in academic writing, and provide reference for academic vocabulary teaching in this field.

Key words   academic vocabulary, International Chinese Language Education, Vocabulary List, academic Chinese, corpus-driven

Lü Yiyi: A Review and Prospect of Online Teaching Research on Chinese Language

Abstract   By adopting the content analysis method, this study sorted out the important papers published since 2013 on online teaching of Chinese as a foreign language in terms of development trends, research content and research methods. Findings of this study show that: (1) Regarding the quantity of increase, an increase by as much as 30 times in nine years was identified; (2) With respect to research content, it is found that three aspects were particularly studied, that is teaching mode, teaching platform and teaching characteristics, which were studied in details and involved in each period. But research on teaching materials, teachers' abilities, and students' needs is slightly inadequate; (3) From the perspective of methods, there is a shift from qualitative research to mainly qualitative with quantitative as a supplement. This study is conducive to understanding the current trend of online teaching in international Chinese Language education, particularly in terms of the innovative research points proposed by predecessors and some deficiencies that still exist in the current research. This study is concluded by providing some enlightenment to future research, and to promote a stable and long-term development in international Chinese teaching.

Key words　　International Chinese Languase Education, online teaching, trends, research method

Liu Xiaoyu: Virtual Reality Design for the Chinese MOOC *Chinese for Beginners*

Abstract　　MOOCs have the advantages of being massive, open, and online, providing learners with more learning opportunities in terms of breaking space and time constraints. But the problems in terms of interactivity and immediate feedback are not well solved, thus always attracting attention and thought. Based on theoretical research and collecting learners' needs, the Chinese and foreign teams have cooperated to improve *Chinese for Beginners* using virtual reality technology, hoping to explore the aspects of improving interactivity and instant feedback, restore the language acquisition environment as much as possible, and enhance the experience of the target language context. This study provides a detailed explanation and analysis on the improved objectives, experiencing forms, task-level settings, modeling objects and environments, experience mechanisms, and problems encountered, so as to provide reference for relevant theoretical research and exploration practice.

Key words　　Chinese, MOOC, VR technology

Shao Mingming: A Study on Ethnic Identity of Japanese-speaking Chinese Learners and the Relationship between Ethnic Identity and Heritage Language Learning

Abstract　　By using both quantitative and qualitative research methods, this study investigates the state and characteristic of ethnic identity of Japanese-speaking Chinese learners, and discusses the relationship between ethnic identity and heritage language learning. Results show that the second generation of Chinese-Japanese are struggling with their ethnic identity, and it is more and more obvious with the increase of their Chinese proficiency. In Japan, the negative attitudes to immigrants has weakened Chinese-Japanese's recognition on their ethnic identity. And the recognition on ethnic identity by Chinese-Japanese is changing with their age. The recognition on ethnic identity mutually promotes their Chinese language development. In general, as the development of their heritage Chinese language, Chinese-Japanese's recognition on ethnic identity is also a process that from assimilation to integration.

Key words Chinese-Japanese, ethnic identity, heritage language, language learning

Chen Enwei(Translator): A Review on Facilities Existing for the Study of Chinese Language in the Early 19th Century

Abstract In the early 19th century, with the increasing communication between Western countries and China, the demand and desire of Westerners to learn Chinese was increasing, and the works on Chinese and the materials suitable for foreigners to learn Chinese were also increasing. In July 1838, *The Chinese Repository* published an article entitled "Review of the facilities existing for the study of the Chinese language, especially as regards England and America", which made comments on some important facilities and works, and made a preliminary review on the development of Western Chinese education in the early 19th century. It is helpful to understand the history of Chinese education and the history of Chinese studies in the West. The translator translated the full text and divided the original text into five sections according to the content, drew up the text and the title of each section, and made notes on the sinologists and sinology works involved in the article, so that readers could further understand the academic background at that time.

Key words Chinese learning, Chinese education, Sinology

Yang Defeng: A Study on "*bu yihui(r)* (in a little while)" and "*buda yihui(r)* (not long after)" "*bu dao yihui(r)* (within moments)"

Abstract Based on corpus statistics, this study finds that "*bu yihui(r)* (in a little while)" and "*buda yihui(r)* (not long after)" "*bu dao yihui(r)* (within moments)" can be used as adverbials, attributives, complements, and heads, with attributive as typical functions. "*Bu yihui(r)* (in a little while)" can modify "*gongfu*" "*hou*" and "*zhihou*", whereas the last two can only modify "*gongfu*". A variety of verbs take "*bu yihui(r)* (in a little while)" as a complement, but very few take the last two. "*Bu dao yihui(r)* (within moments)" can only be used in realis, with person be the subject of the sentence, either a third- or a first-person pronoun or noun. However, the first two can be used in irrealis, though mainly in realis, and the subject of the sentence can be a second-person pronoun, with a third- or a first-person be the main form. "*Bu yihui(r)* (in a little while)" is a quantifier, and the other two are phrases differing in meaning.

Key words　　*bu yihui(r)* (in a little while), *buda yihui(r)* (not long after), *bu dao yihui(r)* (within moments), syntax, meaning

《汉语教学学刊》稿件体例

1. 稿件请用微软简体中文版 WORD 编辑。题目用小二号宋体，作者署名用四号仿宋体，正文用五号宋体，提要、关键词、注释和参考文献用小五号宋体，其中"提要""关键词"本身用小五号黑体，"注释""参考文献"本身用五号黑体。题目、作者名、提要、关键词的英译以及作者电子邮箱地址都用 Times New Roman 字体，题目、作者名的英译用 12 号，其余用 10.5 号。关键词之间用逗号隔开。正文行距为 1.15 倍。页边距为常规格式（上、下 2.54cm，左、右 3.18cm）。

2. 如有通信作者，用首页脚注形式，作者名后加上标＊；包括通信作者的电子邮箱、邮政编码、联系地址；用小五号宋体，英文和汉语拼音均用 Times New Roman 字体，如：通信作者：王×× wangsxx@sina.com 100871 北京市海淀区颐和园路 5 号 北京大学对外汉语教育学院。

3. 如有课题/项目，用首页脚注形式，文章标题后加上标＊，注明课题的类别、名称及编号。如：＊本研究为国家哲学社会科学基金一般项目"中国大学生跨文化能力综合评价研究"（10BYY091）的阶段性成果；名称用小五号宋体；括号及编号均用 Times New Roman 下的格式。

4. 正文第一级标题用小四号黑体，上下各空一行，标题序号用"一、二、三……"。第二级以下小标题用五号宋体加黑，节次可按如下格式编号：1.1、1.1.1、1.1.2；1.2、1.2.1、1.2.2，余类推。本刊只接受三级以内的小标题。

5. 例句独立列出者，用楷体，行首空两格，回行与首行序号之后的文字对齐；序号加圆括号，如：(1)(2)……；全文例句连续编号。

6. 文中若有图表，请在图表上方或下方用小五号黑体字注明序号及名称，如：图 1 ……；表 1 ……。若有复杂图表，不便在正文中排印者，请附在文末，并注明序号及名称，如：附图 1 ……；附表 1 ……。全文图表连续编号。为保持图表的准确性，请另附 PDF 版。

7. 文中采用国际音标，请加方括号，声调用五度标调法，标于音标右上角，如：好[xau^{214}]。采用汉语拼音，声调则用调号，如：nǐ hǎo。

8. 行文中引用原文者，请加""；引文独立成段者，请用楷体，第一行空四格，第二行以下空两格。

9. 注释采用尾注。注释号码用带圈阿拉伯数字右上标，如：完形①。请勿用自动标注。

10. 注明引文或观点出处,可采以下方式:

若所引之文或观点发表在期刊上,则为:陆俭明(1980)……;若所引之文或观点出自著作之中,则为:陆俭明(1993,84—85)……,逗号后的数字为页码,下同;若在所引之文后面用括号注明出自期刊或著作中的观点,则为:……(陆俭明 1980),或 ……(陆俭明 1993,84);若所转述的观点为不同的人持有,则为:……(Corder 1981;Krashen 1981);或 ……(James 1980;Ellis 1986,18—41)。三个作者及以上的,中文文献用第一作者加"等",如:朱德熙等(1961);外文文献用第一作者加 et al.,如:Tomasello et al. (1984)。

11. 重要术语:首次在国内语言学期刊上出现的术语须在括号内附上外文原文,但同一术语的外文原文不要重复出现。

12. 参考文献请按以下方式处理:

中文、日文文献排在西文文献之前;外文译著按中文文献处理;相同语种的文献按作者姓名的汉语拼音顺序或英文字母顺序排列;西文作者姓在前,名在后,姓名之间用逗号隔开。文献的作者或编者须全部列出,具体情况:(1)独立作者或编者的文献则使用完整姓名;(2)两个以上作者或编者之间中文文献统一使用顿号,如(史地夫、金磊、王晖),外文文献统一使用 &(不用 and),如 Cole, P. & Morgan, J. ;(3)外文参考文献有多个作者时,均姓氏排前,后跟名字的首字母,如 Hauser, M., Chomsky, N. & Fitch, W. 。

(1)中文参考文献格式如下:

专著:陆俭明(1993)《现代汉语句法论》,商务印书馆。

期刊:李晓琪(1995)中介语和汉语虚词教学,《世界汉语教学》第 4 期。

文集:彭聃龄(2003)汉字识别与连接主义模型,《对外汉语研究的跨学科探索》(赵金铭主编),191—206 页,北京语言大学出版社。

学术会议论文:柯彼德(2012)关于中国语言与文化在全球化世界中的地位和作用的若干思考,北京论坛(2012)文明的和谐与共同繁荣:"文明的构建:语言的沟通与典籍的传播"语言分论坛论文及摘要集,64—74 页,2012.11.02,北京大学。

学位论文:金沛沛(2017)《汉语学习词典语用信息的选取与呈现研究》,北京大学博士学位论文。

(2)外文参考文献格式如下:

专著:Kramsch, C. (1993) *Context and Culture in Language Teaching*. Oxford: Oxford University Press.

期刊:Martin, M. (1984) Advanced vocabulary teaching: The problem of synonyms. *Modern Language Journal*, 68.

文集：Searle, J. (1975) Indirect speech acts. In Cole, P. & Morgan, J. (eds.). *Speech Acts*, 59—82. New York: Academic Press.

学位论文：Stowell, T. (1981) *Origins of Phrase Structure*. Ph. D. dissertation, MIT.

研究报告：Cumming, A., Kantor, R., Baba, K., Eouanzoui, K., Erdosy, U. & James, M. (2006) Analysis of discourse features and verification of scoring levels for independent and integrated prototype written tasks for the new TOEFL test. TOEFL: Monograph Report No. 30.

网络文章：Sanders, N. (2003) Opacity and sound change in the Polish lexicon. http://sanders.phonologist.org/diss.html.（访问日期：××年××月××日）